量化健身

动作精讲

陈柏龄 著

机械工业出版社
CHINA MACHINE PRESS

当下，在我国有关健身的书籍、自媒体信息层出不穷，健身者们并不缺乏碎片化的训练方法、训练理念，而是缺乏标准化的健身知识以及完整、成体系的训练思路。在本书中，具备多年健身教学、科普经验的"陈教头"用通俗易懂的语言讲述了标准化健身的基础知识以及与训练紧密结合的理论内容，为大众健身者构建了一套科学的、可操作性强的健身知识体系，使读者能够用量化分析的方法去看待健身训练。这并不是一套简简单单的健身书籍，而是一份标准化的、能帮助你建立健身知识体系的"健身学习产品"，健身者可以用，教练可以用，场馆的经营者也可以参考运用。

图书在版编目（CIP）数据

量化健身. 动作精讲 / 陈柏龄著. — 北京：机械工业出版社，2019.12（2025.6重印）
ISBN 978-7-111-64418-7

Ⅰ.①量… Ⅱ.①陈… Ⅲ.①健身运动—基本知识 Ⅳ.①G883

中国版本图书馆CIP数据核字（2019）第286652号

机械工业出版社（北京市百万庄大街22号　邮政编码100037）
策划编辑：王　炎　　责任编辑：王　炎　朱鹤楼　李书全
责任校对：宋逍兰　　责任印制：任维东
北京宝隆世纪印刷有限公司印刷

2025年6月第1版·第15次印刷
165mm×235mm·12.25印张·227千字
标准书号：ISBN 978-7-111-64418-7
定价：69.80元

电话服务　　　　　　　网络服务
客服电话：010-88361066　　机　工　官　网：www.cmpbook.com
　　　　　010-88379833　　机　工　官　博：weibo.com/cmp1952
　　　　　010-68326294　　金　书　网：www.golden-book.com
封底无防伪标均为盗版　　机工教育服务网：www.cmpedu.com

前 言

我是怀着两个目的来创作"量化健身"这套书的。

一是为健身者提供标准化的学习产品,二是为健身者介绍系统性的知识体系。

先来说说第一点,标准化的学习产品。

传统的健身私教课程非常注重个性化。这导致了健身教学里难以有"标准化的产品",健身者在付费买课之后,不知道自己将面对什么样的教学内容。健身场馆经营者也会头疼于如何为客户输出更好的教学课程,以及如何去批量复制优秀教练的教学内容——因为健身这件事太难标准化了。

许多健身行业的从业者认为,我们每个人的身体状况各有不同——有的人胖,有的人瘦,有的人壮,有的人有体态问题,有的人有运动损伤,这些人在训练过程中也会遇到不同的问题,教练针对不同的人群所用的教学方法和解决问题的策略都不一样,因此很难构建一个适用于所有人的"标准化产品"。我认同这种观点的前半部分,但不认同后半部分。

依据上述的说法,普通人恐怕永远无法脱离于以私教课为开端的入门训练,因为"每个人的具体情况都是不一样的,所以我们无法使用别人的训练计划和训练方法"。但其实许多的训练计划只要稍微改动,就可以适用于大部分的普通人。这是因为虽然我们每个人体态、体能各异,但是我们的身体都是由相同的骨骼、肌肉和关节组成的。2012—2019 年,这七年时间里我都在尝试将健身入门的训练内容制作成为"可标准化的产品"。

在七年的教学和科普过程中,我发现,在"个性化"的健身训练开始之前,完全可以有一个"标准化"的入门过程,因为大部分身体正常的普通人在健身初期训练的内容几乎都是一样的。而动作教学、计划安排的过程也是可以标准化的。

举个简单的例子。在深蹲这个动作中，虽然每个人身体结构不一样，但我们只需要去确认几个基础的动作标准就可以了：脊柱中立位、髋膝同时屈伸、身体稳定、脚底重心稳定、呼吸与动作节奏良好。这几个重点细节都做到，就足以说明这是一个"标准的深蹲动作"。至于身体结构的不一致，我们只需要基于这个"标准动作模板"进行优化即可。

一些训练者会拿"不同的顶尖运动员练同一个动作的方式都有很大差异"去证明"健身中没有标准动作，只有适不适合自己的动作"的观点。

这其实并不符合逻辑。那些顶尖运动员训练动作视频中所展现的，是他们经过了数年甚至数十年的打磨后选出的最适合自己的方法，所以每个运动员的动作都或多或少有所差异。高手，也都是从零基础的训练者一步一步走过来的。

健身者可以在"标准动作"之上，进一步优化自己的动作模式，最后调整为适合自己的最优动作，但这不意味着"标准动作"这个概念是不存在的。恰恰相反，"标准动作"才是初学者最应该去学习和打磨的内容。

对于刚开始训练的朋友而言，学习"标准动作模板""基础计划模板"才是最为要紧的事情。高手的动作并不适合初级训练者借鉴。

在本套书中，我运用解剖学、生理学的知识将传统健身中的各种训练动作、训练计划拆解，让大家了解到所有的训练技巧、训练方法都是有法可依，有据可查、有自身运动逻辑的。

动作本身是可量化的，它能够通过解剖学来被量化。
训练本身是可量化的，它能够通过解剖学和生理学来被量化。
饮食本身是可量化的，它能够通过营养学来被量化。
健身的基础知识是可标准化、可量化的。这是我在这本书里试图传达的内容。我希望这并不是一套简简单单的健身书，而是一份标准化的"健身学习产品"，健身者可以用，教练可以用，场馆的经营者也可以参考运用。

再来说说第二点，系统性的知识体系。

事实上，现在网络上的信息量非常庞大，越来越多的教练和健身者都来分享自己的训练技术和经验，健身者所能够接受到的信息极其多。但网络上的信息往往是碎片化的，而不是成体系、互相有联系的，甚至能看到一个作者会在不同时期发表两个完全相反的训练观点。所以我经常收到不同读者的私信：

"请问深蹲时膝盖要不要超过脚尖，我的教练说是一定不能，是真的吗？为什么又有很多人说可以超过脚尖？"

"我按照网上的训练计划练了一个月，发现自己背很痛，是什么原因？"

"有的文章说卧推要伸直肘关节，有的文章说不要伸直肘关节，为什么呀？"

"我看见网上有一周3练、一周5练、甚至一周7练，到底哪个是对的呀？"

……

这些问题我五六年前就回答过，但是在各个网络平台中我却一直收到这样的留言和私信提问。

我在思考，在已经慢慢变好的健身环境下，为什么这类看起来非常简单的问题依然会层出不穷？

我想，大概是因为知识不系统吧。

当我们接触到的内容不是一个完整的知识体系时，那么很可能其中的知识都是零散拼凑的，今天这个推送讲"超级组""金字塔组"，明天那个文章讲"卧推的正确姿势"……若没有一个完整、系统的知识框架，碎片化的知识是很难发挥全效的，更何况，许多健身行业的科普者从属不同的训练体系，训练主张和侧重点都有所不同，如果一个初学者本身并没有完善的训练体系，却依旧选择"东学一点，西学一点"的知识获取方式，那么很可能导致看得越多越混乱，对实践并无帮助，反而有害。

所以，当下中国的健身者并不缺乏碎片化的训练方法、训练理念，而是缺乏完整的、成体系的训练方法、训练理念。

这是我写作这套书籍的第二个目的：通过通俗易懂的语言讲解与训练紧密结合的理论内容，为大众健身者构建知识体系。

我希望"量化健身"是一套能够帮助读者建立"健身知识体系"的书，通过阅读，读者能够用科学、量化分析的方法去看待健身训练。

这套书只是一个小小的开始。时代在变，行业在变，本系列书籍的内容也将会随着时间的推移而逐步更新，欢迎大家对本套书的内容提出建议或批评性意见，可以关注微信公众号"陈柏龄的酱油台"，并在后台留言，或者发送邮件至chenbailing127@foxmail.com，我会在后续的版本中根据大家的意见进行更多的修改工作。

最后，感谢我的父母、爱人对我所做工作的理解和支持，感谢陈宇、卢旻君、王璟、朱俊杰对本书内容提供的帮助与建议，感谢王炎老师对书稿的编辑加工工作。

陈柏龄

目 录

前言

第一章 基础训练技巧

第一节　用较轻的重量学习动作，建立合理的动作模式 / 002

第二节　远离健身房里的镜子 / 004

第三节　收紧腹部 / 007

第四节　腹式呼吸与呼吸中的"圆柱体策略" / 010

第五节　学会训练中的呼吸 / 016

第六节　保持脊柱中立位 / 018

第七节　学会扭矩 / 027

第八节　接触面重心 / 032

第九节　弥补你训练中缺失的一环 / 034

第二章 基础徒手训练动作

第一节　徒手深蹲 / 041

一、深蹲的动作特点 / 043

二、两种深蹲方法 / 043

三、保护膝盖的深蹲技巧——髋膝联动！ / 045

四、徒手深蹲的动作细节 / 048

　　五、完成深蹲的正确步骤 / 053

　　六、初学者常见的徒手深蹲疑惑 / 054

　　七、徒手深蹲的进阶——高脚杯深蹲 / 057

第二节　箭步走 / 058

　　一、箭步走的动作特点 / 058

　　二、箭步走的全过程 / 059

　　三、箭步走的动作细节及原理解释 / 059

　　四、箭步走的练习方式 / 061

第三节　俯卧撑 / 062

　　一、俯卧撑的动作特点 / 062

　　二、学习俯卧撑动作的前戏 / 063

　　三、俯卧撑的六个重要细节 / 065

　　四、俯卧撑最容易犯的三个错误 / 068

　　五、完成俯卧撑的正确步骤 / 069

　　六、无法完成俯卧撑的人，应当如何训练？ / 070

第四节　自重反向划船 / 075

　　一、反向划船 / 075

　　二、悬吊带划船的动作过程与细节 / 076

　　三、悬吊带划船常见的不规范细节 / 076

　　四、悬吊带划船的难度进阶 / 078

　　五、悬吊带划船的替代动作：杠铃反向划船 / 079

　　六、初学者会关心的反向划船问题 / 080

第三章
基础力量训练动作

第一节　杠铃深蹲 / 086
　　一、杠铃深蹲动作的细节 / 086
　　二、高杠位与低杠位的区别 / 092
　　三、蹲不下去怎么办 / 095

第二节　罗马尼亚硬拉 / 099
　　一、学习罗马尼亚硬拉的前戏 / 099
　　二、动作全过程 / 100
　　三、动作细节 / 100
　　四、常见的错误 / 105

第三节　卧推 / 107
　　一、学习卧推的前戏 / 107
　　二、杠铃卧推的全程 / 109
　　三、杠铃卧推的细节 / 109
　　四、卧推中的呼吸 / 115
　　五、卧推中常见的不规范细节 / 118
　　六、常见的卧推问题 / 120

第四节　杠铃划船 / 122
　　一、窄握杠铃划船 / 123
　　二、宽握杠铃划船 / 127

第五节　杠铃推举 / 130
　　一、杠铃推举的动作全过程 / 130
　　二、杠铃推举的动作细节 / 131
　　三、杠铃推举常见的错误 / 135

第六节　传统硬拉 / 138
　　一、学习传统硬拉的前戏 / 139
　　二、传统硬拉的全过程 / 139
　　三、站立姿势 / 140
　　四、握杠 / 141
　　五、预拉 / 142
　　六、拉起过程 / 146
　　七、锁定过程 / 147
　　八、传统硬拉的常见错误 / 148
　　九、柔韧性较差的训练者怎么办 / 150

第四章　热身与损伤预防

第一节　预防损伤，从热身开始 / 152
　　一、为什么要做热身 / 152
　　二、优秀的热身可以帮助你解决什么问题 / 153
　　三、"龄动 S"上肢热身动作的要点 / 155
　　四、"龄动 X"下肢热身动作的要点 / 161

第二节　损伤预防的个人经验 / 170
　　一、腰椎段的运动损伤预防 / 171
　　二、肩关节运动损伤预防 / 174
　　三、膝关节损伤预防 / 177

最后的话 / 182
参考文献 / 184

第一章

基础训练技巧

第一节
用较轻的重量学习动作,建立合理的动作模式

在健身房里,经常能够看到不少新来的成员。

有的人是独自训练,有的人是被朋友带着训练,有的人是跟着教练训练。

观察他们是一件很有意思的事情。

在一开始的时候,很多人都喜欢尝试用自己能够承受的最重的重量去完成动作,而不是用较轻的重量。或许是因为怕被人瞧不起,也可能是想快速提高,大多数人都喜欢使用远超出自己控制范畴的重量去完成一个动作。

只有很少的一部分人,会在学习动作的初期,用最轻的重量来学习。

最后,能够坚持在健身房内训练的,往往都是最后这极少的一小拨人。

因为,他们不知不觉地遵守了学习动作最基础的一条规则:**宁轻勿假**。

在较轻重量下,建立合理的动作模式,才是学习动作最高效的方式。初学者应该时刻提醒自己保证动作的规范性,等到动作熟练掌握之后,再开始慢慢尝试增加训练配重。

比如侧平举这个动作,徒手动作就足以让训练者感受三角肌中束的发力感了。初学者根本没有必要拿起哑铃来找三角肌中束的感觉。如果第一次学习侧平举就上了重量,反而容易让斜方肌代偿三角肌发力,从而导致动作错误,没有锻炼到三角肌反而锻炼了斜方肌。久而久之,就会让身体养成"斜方肌代替三角肌发力"的习惯,又或是会让健身者建立起"侧平举这个动作锻炼的是斜方肌而不是三角肌"的错误认知。

在学习新动作的时候,我们需要让神经去感受和控制肌肉,去体会动作的每一个细节、肌肉的每一个发力点。过重的负荷不仅让训练者无法体会动作的细节,而且也很难标准地完成动作。肌肉是有记忆的,一个动作重复多次后就会本能性地完成它,

这时候再使用训练重量才好。

在练习动作的时候，请注意，做每一个动作，都要做满全程、尽力做到标准。每一个动作都是独立的，它并不是上一个动作的延续。所以合适的重量对于训练者来说尤为重要，你如果看过那些顶尖力量举和健美选手的训练视频，会发现他们同组中的每一个训练动作所重复的呼吸、节奏、动作速度、动作幅度都几乎一模一样。而再看看健身房内情况——许多人同组中第一个深蹲和第三个深蹲、最后一个深蹲都有着巨大的差异；许多人在训练时，往往第一次动作是最标准的，而到了第三次、第四次动作时，呼吸和节奏都已经被打乱，到了最后一两次动作的时候，就会出现像耸肩、弯腰这样的错误代偿。健身房中不乏已经健身三四年的"老手"，他们痴迷于这种动作变形式的训练，这种情况如果仅仅发生一两次还好，久了就会产生很高的受伤风险。

长期使用某种错误姿势进行训练，会将错误的动作模式形成条件反射式固定，那么以后想改动作时就会付出巨大的代价，必须从头改起。

如果你从一开始就是"龟背硬拉"，依靠下背部发力将杠铃拉起，等到训练几个月后发现硬拉姿势错误，要改正需花费比零基础的训练者更多的时间。你需要重新开始学习训练动作，投入几周甚至几个月的时间去慢慢纠正它。

很多人说，深蹲多了腰不好，硬拉对腰损伤太大。

那么，问题来了——是硬拉和深蹲让他们受伤了吗？

实际上，现代人或多或少都有一些体态问题，不正确的深蹲和硬拉姿势更会加剧这些问题。深蹲时"屁股眨眼（骨盆翻转为后倾状态）"，硬拉时"弯腰启动"，这些都是导致深蹲、硬拉伤腰的主要原因，很多时候，动作本身其实并不是导致下背部、腰椎损伤的主因，姿势不正确的深蹲和硬拉才是主因。

健身锻炼是一件长期的事情，若要终生受益，就必须从一开始就处理好动作规范问题，在自身能够承受的范围内去训练，以保证不受伤。

有时候我会把训练者分为两种类型：保守主义者和激进主义者。

保守主义者更关注运动的损伤、动作的规范和本体的感受，因此他们往往训练刺激不足，可能比较容易进入平台期。

激进主义者更喜欢挑战自己的极限、尝试新鲜动作、尝试更大的训练负荷、推崇训练的快感，因此他们往往训练刺激过大，容易在动作规范上出现问题，容易训练过度。

普通人更需要的是保守的训练方式。宁可训练量不足，也不要训练过度，也不要做变形的动作。因为普通人不是运动员，普通人需要的是健康。

第二节
远离健身房里的镜子

大多数的健身房都有镜子，它们能增加健身房的空间感，还能方便你检查自己的动作，以获得良好的训练反馈。镜子还可以让你看到身材上的变化。大家都喜欢健身房里的镜子，但是，你可能不知道，镜子会让你丧失一些更加宝贵的东西。

如果健身房的镜子在深蹲架前面，你深蹲时可能会看着镜子训练，通过镜子完成动作调整。如果健身房的镜子在深蹲架侧面，你深蹲的时候，有可能会扭头看向镜子，来确认自己的脊柱是否在中立位置——其实你扭头看镜子的时候，脊柱就已经不在中立位了。无论是哪种情况，一旦镜子撤开，健身者在深蹲的时候都会感觉到很奇怪。因为，镜子降低了你对身体的感知能力。

在中国举重队的训练中心里，墙上是有镜子的，但是很多运动员会特地避开镜子，因为比赛时没有镜子。看着镜子训练，固然能够在当下获得比较良好的动作反馈，但如果对镜子太过依赖，反而会降低身体对动作的感知能力。

你没有理解错，长期看着镜子训练，会降低身体对动作的感知能力。这种身体感知能力也被称为"**本体感觉**"。"本体感觉"指的是"通过本体感受器接受外界的刺激信息，再经过大脑的处理使我们能感知关节的动作和位置"的能力。

人之所以能够跟外界环境产生互动，是因为人体内有三种感受器：视觉感受器、前庭感受器以及本体感受器。

视觉感受器通过眼睛来判断身体所处的位置，帮助身体在不同环境中维持稳定。

前庭感受器在内耳中，可以通过头部的位置移动，感知身体的旋转、加速、翻转等位置变化。

本体感受器位于肌肉、肌腱与关节之中，其主要功能是传递机体运动的信息和保持平衡。

看到这里的读者，不妨用以下几个动作来尝试一下视觉感受器、前庭感受器在动作中的运用：

睁开眼抬起一只脚

闭上眼睛抬起一只脚

闭上眼睛再旋转头部，抬起一只脚

第一个动作是最稳定的。因为这个动作中，人体的三个感受器都参与了。

第二个动作稳定性会差一些。因为这个动作中，健身者关闭了视觉感受器。

第三个动作的维持难度是最高的。因为这个动作中，健身者关闭了视觉感受器，同时前庭感受器受到了"头部旋转"的"干扰"。健身者只能依靠"本体感觉"维持动作。

本体感觉的定义最初由 Charles Bell 提出，他将本体感觉作为感、知觉和运动的根本结构基础，而现代更多的学者将本体感觉作为衡量肌肉运动知觉和关节位置知觉的特殊变量[1]。"本体感觉"的发展对运动项目有很大的帮助。首先，本体感受器能够为姿势的调整以及要承受的外部负荷做好准备；其次，本体感受器能够调整肌肉的力量并协调不同肌肉之间的用力，解决人体的稳定以及稳定与不稳定交替转换的问题[2]。

健身者应当主动去培养自己的"本体感觉"。

远离健身房的镜子，是建立良好本体感觉的一个方法。

如果你希望调整动作、观察动作，你不必通过镜子，而可以通过手机进行视频录制，在组间休息时来检查上一组的动作，然后在下一组进行调整。如此一来，你既充分利用了组间休息时间，又能够培养"本体感觉"，在训练时能够更加专注于身体的感知。而且在训练时拍摄的视频还能够长期保存，可以用于与其他健身者交流，或是向高水平教练请教。

培养"本体感觉"还有很多不起眼但非常有用的小技巧，比如在训练前进行几组较轻重量的热身动作，让目标肌肉与大脑建立连接；或在训练时自己触摸目标肌肉。

第三节 收紧腹部

许多健身文章都会用这么一个习惯性的词语:"收腹"。许多健身教练在教导学员的时候,往往也会说:"快绷紧你的腹部"。那么,什么是收紧/绷紧腹部呢?怎么样才算是做到了绷紧腹部呢?收腹到底是什么样的感觉呢?有的人会说是用力把肚子向内收,有的人说是憋住气的感觉,各种稀奇古怪的答案都有。

从本节开始,每个部分的讲解不仅需要你仔细阅读,还需要你亲自尝试。如果没有实践,不建议阅读下一章节的内容。

这节的内容需要花费你 2~3 分钟进行实践。

结束后,你会对"腹部收紧"有更深刻的体会。

一、击打练习

用手击打你自己的肚子,肚子绷紧用力向外对抗击打的压力。

如果没有绷紧腹部,用手击打肚子时,腹部会有略微的不适感。

如果绷紧腹部,用手击打肚子时,腹部则无不适感,此时能感受到自己的腹部在与拍击的压力进行对抗。

击打肚子

二、木棍击打练习

让朋友用一个硬物击打你的肚子（可以用一些力，但不要使上全力），用你的腹部与击打压力进行对抗，此时就是"腹部绷紧"的状态。

用硬物击打肚子

三、仰卧抬腿练习

人仰卧在垫子上,将脚跟抬离地面 5 厘米,保持 1~2 秒。此时腹部会比击打练习时绷紧的程度更高,能够感受到腹部完全绷紧的感觉。

人仰卧在垫子上

四、绷紧腹部的意义

绷紧腹部能够让躯干在训练时成为一个刚体,从而更好地与外界的压力进行对抗。

这节内容为了大家快速上手,不做过多原理说明,仅仅是告诉大家"收腹"的身体感受是什么样的。建议一定要把上述的动作都尝试一遍!

原理并不是了解了就可以,训练的原理一定要练到自己身上才算是真正理解!

第四节
腹式呼吸与呼吸中的"圆柱体策略"

日常生活中的呼吸一般分为两种,一种是胸式呼吸,另一种是腹式呼吸。

一、胸式呼吸和腹式呼吸的特点

1. **胸式呼吸**:往往会伴随着胸腔的上下起伏,吸气的时候胸腔上提,呼气的时候胸腔下放。胸式呼吸往往较为急促,呼吸较浅。外表上看,胸式呼吸有明显的抬肩、抬胸、抬锁骨的姿势。胸式呼吸属于人人都会的呼吸模式。我们平常说话,走路,伏案工作,通常使用胸式呼吸就已经足够。但是还有一些不足够的情况,比如进行高强度的运动、朝远方大喊、较长时间的演讲、唱歌,这些仅仅依靠胸式呼吸是无法做到的,而是需要采用腹式呼吸的方式进行。

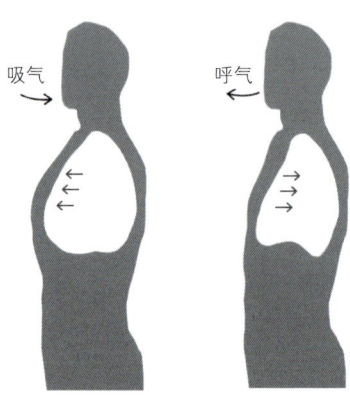

胸式呼吸

2. **腹式呼吸**：从外在表现上来看，腹式呼吸时腹腔有明显起伏变化。从本质上看，腹式呼吸会让横膈膜上下起伏，吸气时横膈膜下降，把体内的脏器挤压到下方，因此肚子会膨胀。具体可以看下面这张图片：

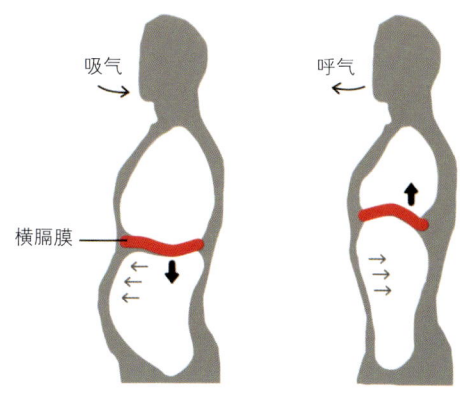

腹式呼吸

3. **胸式呼吸和腹式呼吸的区别**：腹式呼吸时腹腔有明显起伏变化，胸式呼吸时胸腔有明显起伏变化。胸式呼吸对横膈膜影响比较小，腹式呼吸对横膈膜影响比较大。

4. **如何判断自己是采用胸式呼吸还是腹式呼吸呢？** 我们不妨现在深吸一口气，观察一下自己的肩胛骨是否有上下活动，是否出现耸肩，或者上胸部是否向上提升，如果有，这就是典型的"胸式呼吸"。还可以把手放在自己的肚子上，吸气、呼气，一般来说，胸式呼吸中，吸气时腹部内收，呼气时腹部外鼓；而腹式呼吸则相反，吸气时腹部外鼓，呼气时腹部内收。

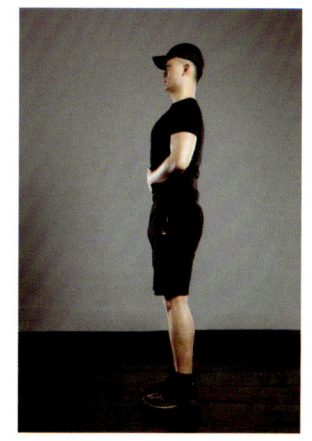

把手放在肚子上，感受腹部是否有上下起伏。若有，则大概率是腹式呼吸

5. **胸式呼吸和腹式呼吸在日常生活中的应用**："胸式呼吸"并不是一种错误的呼吸方式，它是最普遍的日常呼吸模式，有不少实际的应用价值，比如：如果在注意力不够集中的情况采用胸式呼吸能够快速提高注意力，在神经不兴奋时采用胸式呼吸能够快速提高神经的兴奋度，在进行较大重量的力量训练前就经常会用到这种呼吸方式。

但需要注意，过度的胸式呼吸，会使一些本不应当参与呼吸的肩颈肌肉错误地参与进来，代偿了本该参与呼吸的肌群。在日常活动中，这种错误被重复成千上万次，自然会有各种肩部、颈部不适的现象。

腹式呼吸则相反,在呼吸时,胸腔没有太大变化,而腹部有较大的起伏。腹式呼吸往往较慢、较深、气息较长,相比于胸式呼吸,腹式呼吸的优势在于每次吸入的空气更多,同时让身体处于一个更加稳定的状态。

胸式呼吸基本满足现代都市人日常生活的需求,而腹式呼吸是为了能够适应更高强度的运动(力量训练、有氧运动、唱歌)的呼吸模式。因此运动经验少的人,容易"忘记"如何进行腹式呼吸。如果想要开始训练,慢慢地学会腹式呼吸是很有必要的。

二、学会腹式呼吸

胸式呼吸是不用特地学习的,所有人都会使用这种呼吸方式。但是腹式呼吸就不像胸式呼吸那么简单,运动习惯较少的人,一定要按照下文所说的方法尝试一下腹式呼吸方式,仅仅花费 3 分钟时间,就会对整个日常生活有极大的改善。

腹式呼吸 Level 1(仰卧姿势)

第 1 步:找一个硬质的平面躺下(一定不能是柔软的平面),最好就是躺在地板上。

第 2 步:将手放在自己的肚子上,闭上眼睛,开始呼吸。

第 3 步:尝试在吸气的时候,让自己的手和肚子"浮到天上"。

第 4 步:尝试在呼气的时候,让自己的手和肚子"陷到地里"。

如此重复 10 次呼吸,尝试成功后,可以进行下一个阶段的尝试。

如果你在尝试动作时可以在边上用手机拍摄下自己的腹部起伏,会对这个腹式呼吸有更为深刻的认识。

腹式呼吸 Level 2(站立姿势)

第 1 步:站立。

第 2 步:将手放在自己的肚子上,开始呼吸。

第 3 步:吸气的时候,尝试让自己的肚皮鼓起来。

第 4 步:呼气的时候,尝试让自己的肚皮陷到身体里。

尽量保持胸腔不做太多移动。

三、关于腹式呼吸的疑惑

从来没有练习过腹式呼吸的朋友在练习腹式呼吸时会有各种疑惑和略微的不适感。现在摘录部分疑惑，并进行解答。

1：腹式呼吸和训练时候"收腹"是否会矛盾？怎么同时做到收腹和腹式呼吸呢？

两者并不矛盾，收紧腹部时依然能够做到腹式呼吸。我觉得之所以有朋友会问出这个问题，可能是因为许多人对"收腹"有很深的误解，训练时候所谓的"收腹"或者"绷紧腹部"并不是所谓的"把腹部向肚子里吸"。"收腹"是一种让腹部保持紧张的状态，而腹式呼吸是一种换气的方式，它与训练中运用的瓦式呼吸并不矛盾，与"收腹"或者"绷紧腹部"也不矛盾。健身者恰恰需要在"收紧腹部"的状态下，采用"腹式呼吸"进行深蹲、卧推、硬拉等动作。

2：腹式呼吸与瓦式呼吸是否矛盾？感觉我在较大重量训练的时候，需要运用憋气式的瓦式呼吸，此时腹式呼吸还适用吗？

并不矛盾，两者是可以同时进行的。学习瓦式呼吸的基础就是要学会腹式呼吸。因为瓦式呼吸需要先从腹式呼吸开始，吸满气后往肚脐眼方向挤出，但不要真的挤出去。具体操作方法请看本章第五节《学会训练中的呼吸》。

3：我感觉腹式呼吸时进气比胸式呼吸少，这是正常的吗？

这是因为你还没有完全掌握腹式呼吸方式。建议在进气的时候不要吸太多太快，吸小口一些，慢一些。这样能在一次呼吸中进气更多，同时也更能让横膈膜参与。

四、训练中的呼吸策略：让躯干变成圆筒形状

在训练中，单纯的腹式呼吸还存在一定的缺陷。腹式呼吸能够充分激活横膈膜，但是腹式呼吸不能在呼气时保持腹内压。腹式呼吸在呼气的时候，身体内的腹内压会减少，腰腹部的稳定性会减弱。

在训练中，好的呼吸模式需要做到：充分激活横膈膜、保持腹内压、让躯干变成一个圆筒形状。

腹内压顾名思义就是腹部内的压力。腹壁肌、膈肌以及盆底肌同时收缩会使腹内压增高。具体可以参考右图。

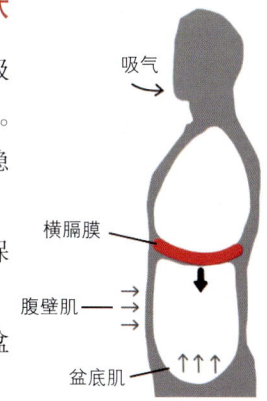

保持腹内压有助于健身者维持核心稳定和传导力量。腹内压越大，核心稳定能力越强。为了让腹内压稳定，我们需要保持在呼吸时，躯干一直呈现"圆筒形状"。即吸气时，不仅仅是向前鼓起撑开肚子，还应当向侧腰、下背部撑开，让整个躯干形成一个"圆柱体"。呼气时，也依然保持这样"鼓起"的腹部状态，不泄气。

五、如何掌握"圆柱体策略"？

按照以下步骤进行尝试：

第1步：站在地面上，找个朋友，让他用他的双手掐住你的侧腰和下背部。

第2步：收紧腹部。

第3步：吸气。

第4步：尝试在吸气的时候，鼓起侧腰和下背部，依靠呼吸的力量将你朋友的双手推开。

第5步：尝试在呼气的时候，保持撑开的状态不变。

如此重复10次呼吸，尝试成功后，你就会初步掌握呼吸中的"圆柱体策略"了。

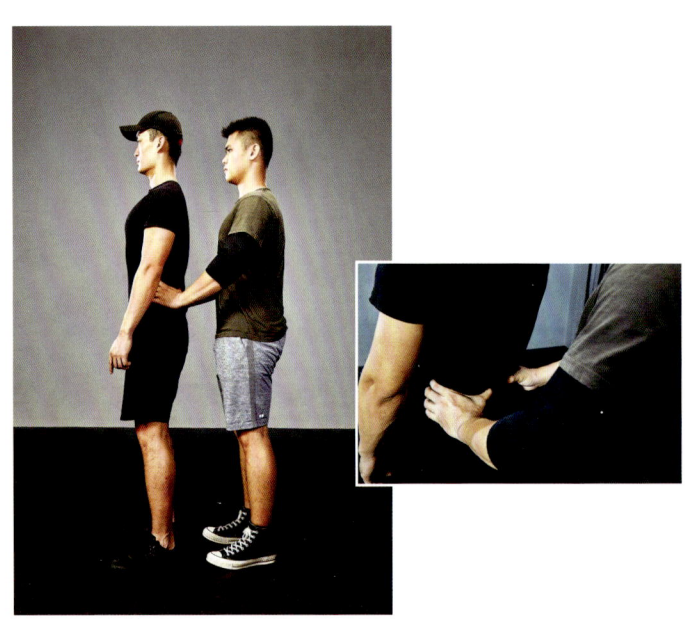

呼吸与情绪

读完这节内容之后，不妨在日常生活中稍微保持一些"觉察"之心，有意识地观察一下自己的呼吸状态。并且认真地想一想自己在什么时候采用的胸式呼吸，什么时候采用的腹式呼吸。

当你对呼吸这件事情有了足够的"觉察"之后，你会发现，身体不自觉采用胸式呼吸时候，心理上往往处在焦虑、不安、痛苦的情绪之下。而腹式呼吸很少在负面情绪下出现。一旦我们在焦虑、不安的情绪下将呼吸方式转换为腹式呼吸，焦虑、不安情绪会有些许好转。

姿势和动作与我们的情绪往往相关，这并非玄学。在一个人开心、自信、极度愉悦的时候，他的走路、站立的姿态往往是挺胸昂首的，走路时步幅会迈得比较大、步频比较快。在一个人沮丧、失望、难过的时候，他的站立姿态往往更倾向于低头、含胸。情绪会影响我们的姿势和动作。相应的，姿势和动作也会影响我们的情绪。

想一想，你平常时候开心状态的身体姿势是什么样的？走路、上楼梯与人交流的动作与平常有什么不同？

当你悲伤、难过、焦虑、不安的时候，尝试着将你的身体姿势和呼吸模式都进行一下改变，看看会出现什么样的变化。

当你烦躁、紧张的时候，不妨立马将呼吸转变为腹式呼吸模式，进行3~5次腹式呼吸，看看又会出现什么样的变化。

当你切实地观察到这一点，并且运用到生活中的时候，你才会真正发现合适的呼吸模式对你的生活有多大的影响。

第五节 学会训练中的呼吸

这一节,我们会重点讲解轻重量下的呼吸方式和大重量下的呼吸方式。

一、训练时常规的呼吸方式

在进行抗阻力训练(即力量训练)的时候,由于**重量过大**,许多初学者往往会憋气完成整个动作。

这其实是身体的一种本能反应,我们在对抗高负荷的压力时,憋气能够立马提升我们的身体控制能力、力量和反应速度,并且增强我们的腹内压,从而帮助维持核心区域稳定。

但我并不建议在训练时全程保持憋气的状态。全程憋气容易出现脑部血液暂时供应不足的现象,所以训练水平较低的人在憋气训练后往往会出现头晕、恶心的现象。

在训练的时候,一般遵循着一次动作,一次呼吸的节奏。

- 顺着阻力,吸气。
- 对抗阻力,呼气。
- 离心收缩的时候,吸气。
- 向心收缩的时候,呼气。

以深蹲为例,下蹲时吸气,蹲起时呼气;以弯举为例,上举哑铃时呼气,下放哑铃时吸气。

这种呼吸方式适合轻重量高次数的训练。在遇到大重量的时候,这样的呼吸方式就不适用了。

二、大重量下的呼吸方式：瓦式呼吸（瓦尔萨尔瓦动作）

前文已述，在训练时全程憋气，能够让我们身体稳定能力、力量都有所提升，但也会付出相应的代价：会使我们脑部血液暂时供应不足，时间过长容易头晕。

因此就有一种特殊的技巧被运用至训练之中：瓦尔萨尔瓦动作，也被称为瓦式呼吸。

瓦式呼吸在大重量训练、极限重量试举中极为常见。它是一种与憋气有关的训练技巧。

它的执行方法如下：

步骤1：深吸一口气。

步骤2：屏住呼吸。

步骤3：尝试将刚刚吸入的气用力往肚脐眼方向呼出，就好像排便时候的感觉一样（这样听起来很奇怪，因为肚脐眼是不会呼吸的，其实我想表达的意思仅仅是：憋气的同时假装自己在呼吸，在"假装呼"的过程中，胸膜腔内压会瞬间增加，就好像身体"涨起来"了，大概最接近的状态就是排便时候的感觉了）。

需要强调的是，瓦式呼吸和我们之前所说的"收腹"或者"绷紧腹部"并不矛盾，和"腹式呼吸"也并不矛盾！瓦式呼吸的状态下，腹部恰恰是绷紧的状态。你可以把腹式呼吸当作是学习瓦式呼吸的第一步，而绷紧腹部则是在瓦式呼吸过程中自然而然形成的。

瓦式呼吸方式适合高强度低次数的训练。在遇到轻重量高次数时候，这样的呼吸方式就不适用了。因为过于频繁、过于长时间地使用瓦式呼吸，容易出现头晕、恶心的情况，会让你非常难受。

三、让身体更加兴奋的呼吸技巧

如果你是一位力量举健身者，要进行大重量、少次数的训练；又或者你在某一天的训练中需要测试自己，冲击一次大重量，如何能快速地让自己打起十二分精神？

如果你在训练前身体比较疲惫，总是隐隐地感觉有点困怎么办？

当你遇到上述情况的时候，可以尝试在训练前，快速地进行几次大口的胸式呼吸，会马上让身体更加兴奋，迅速进入到训练状态。

如果你要冲击极限怎么办？

在冲击极限前，不妨先猛吸一口气，再迅速吐出来。如此重复1~3次。这会让你的注意力更加集中，会让你的身体有更加兴奋的感觉。

第六节 保持脊柱中立位

想象你日常生活中的一天：从早晨起床，你就开始使用手机，然后洗漱、吃饭，搭乘交通工具上班；乘车过程中你拿出手机，为了让眼睛看得更清楚些，不得不低着头使用手机；上班后你又使用着高度明显低于你视线的电脑，你需要迁就电脑屏幕的位置维持弯腰驼背低头的状态办公。你的腰和脖子在日复一日的久坐中开始酸痛、不舒服，你开始寻找健身教练。他们告诉你：来，你需要强化你的腹肌，你需要强化你的腰，你需要放松你的胸小肌，你需要买我十节课纠正你的上交叉综合征！然而，这样就结束了吗？

你在健身房挥汗如雨，坚持训练，然后再日复一日地久坐在办公室里，迁就着明显低于你视线的办公用具，继续腰酸。

你觉得，是不是缺了什么？

其实你只是忘记了让身体回归到它最恰当的位置。

下肢训练中最基础的两个动作分别是深蹲和硬拉。刚开始学硬拉的时候，我相信很多人一定是凭借以前习惯的生活姿势想用一股蛮力将杠铃拉起，但是腰酸不仅没有缓解，反而还加剧了。又或者，某天你开始尝试练习杠铃深蹲，从你身边路过的健身房教练惊呼："不要弯腰，在拉的时候要反弓背。"或者是说："拉的时候一直要挺胸抬头。"

他们的说法并不算错误，但却不太严谨，如果你只凭借这简单的一句话理解动作的话，很难完全保证腰椎段的安全。

不管是深蹲也好，硬拉也罢，在开始正确健身后你才会发现，其实在不同的体态下，完成动作的质量是有区别的。当我们处于身体最恰当的位置时，动作的完成质量会高得多，比如：当我们合理地完成硬拉和深蹲的时候，臀部会感觉到酸胀感，腰却不会有那么强烈的酸痛感。相反的，当我们弯腰完成深蹲硬拉的时候，腰酸不止，而臀腿却毫无感觉。

这节内容，我们来说说什么叫作身体最恰当的位置。

准确地说，在我们进行大部分的力量训练时，身体最恰当的位置应该是脊柱回归到"中立位"的状态。**无论是大家口中的"腰"还是"背"或者是"头部"，都应该是基于"脊柱中立位"这个状态。**

这节内容对于无训练基础的朋友，可能较为抽象。建议在条件允许的情况下，先阅读一遍，然后马上开始按书中所述方法进行练习。将感受练到自己身体上才是真正看懂本书的方法。

一、脊柱所具有的姿势和功能

我们的脊柱由颈椎、胸椎、腰椎、骶骨和尾骨共同组成。

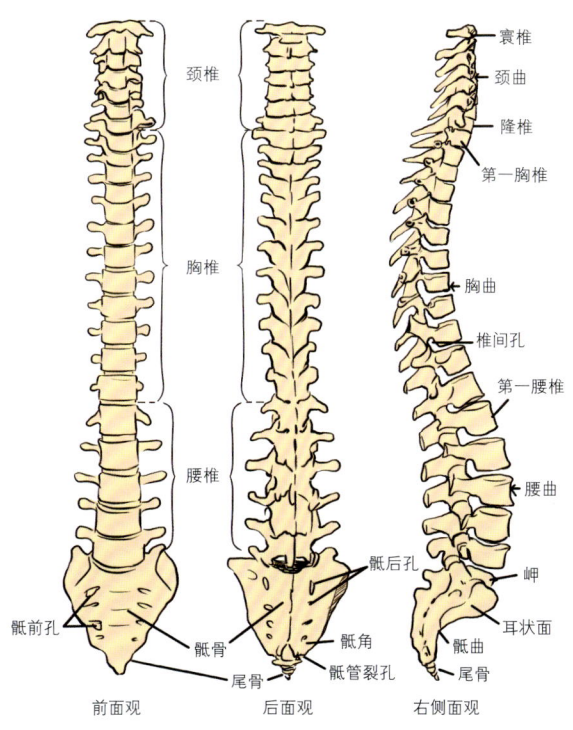

脊柱的三视图

在日常生活中，我们会做弯腰捡东西、提水、绑鞋带、伸懒腰、转过上半身向后看、向左边或右边弯腰提起行李箱等动作，这分别对应着脊柱的屈曲、伸展、旋转、侧屈四个功能。

我们的脊柱是非常灵活的。在日常生活中，在基本的坐、站立、行走中，我们都会保持脊柱中立位的姿势，即维持脊柱的自然生理弯曲姿势。但是一旦涉及其他的动作的时候，脊柱不在中立位的情况就比比皆是了。比如在沙发上"葛优瘫"，比如仰卧在床上看书，比如上班久坐，比如打羽毛球时候的挥拍，比如投掷标枪，比如许多人低头玩手机的姿势……

这就是"脊柱中立位"的姿势和"脊柱维持稳定"的功能总是在日常生活中和健身训练中被人忽视的原因。

因为大家只意识到它具有前屈、伸展、侧屈、旋转的功能。而且一说到背挺直，很多人想要的就是反弓背，也就是超伸脊柱。

之前还有健身爱好者写邮件来问我到底深蹲的时候是不是应该反弓背部。我的回答是：不要反弓背部，而是挺直背部，保持脊柱中立！

二、什么是脊柱中立位

那么到底什么是脊柱中立位呢？脊柱中立位简单来说就是保持"脊柱的自然生理弯曲"。

从侧面来看，就是"收腹+挺直腰背"的状态。

很多人觉得"收腹+挺直腰背"是一个很自然的过程，似乎花费不了什么力气。

但实际上在日常生活中并非如此：

1. 在肩上背着一个人的情况下，你要保持"收腹+挺直腰背"的姿势，身体需要对抗脊柱向前屈曲的趋势。

左图脊柱保持中立，抗屈曲，右图没有

2. 在逛街时，一侧手拎较重的购物包，一侧空手，连续行走 2 分钟，此时想要保持"脊柱中立位"的姿势，身体需要对抗"脊柱向一侧倾斜"的趋势。

左图脊柱保持中立，抗侧屈，右图没有

3. 你的一位朋友在你站立时，用力地推你的右肩，你要保持"收腹 + 挺直腰背"的姿势，就必须对抗使"脊柱侧旋"的力量。

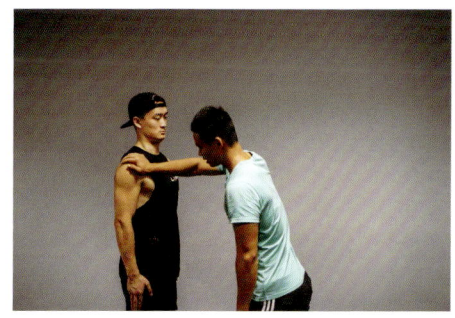 

左图脊柱保持中立，抗侧旋，右图没有

4. 从地上捡起一个重物,你要保持"收腹+挺直腰背"的姿势,和下左图一样,你的身体也需要对抗脊柱向前屈曲的趋势。如下图:

左图脊柱保持中立,抗屈曲,右图没有

在日常生活中,我们不会刻意地保持脊柱中立位的状态,所以我们会看见许多人驼着背背着书包、弯腰捡起地上的物品,低头看手机等等,这就是因为他们并没有去对抗外界施加的作用力,而是顺着外界的压力让脊柱产生了弯曲,也就有了驼背、低头玩手机等姿势的产生。而在训练之中,也有一些健身者习惯于弯腰去进行深蹲、硬拉。

我在印度尼西亚旅游的时候,看到那儿的劳动人民总是把重物放在头顶,而不是放在身前或者体后搬运。他们彻底地贯彻了"脊柱中立位"的原则。

我们不妨想象这样两个健身者:A 是一名需要每天在电脑前工作 8 小时以上的都市上班族,从睡觉醒来到等待公交的时间里,他一直在低头使用手机,上班后他则使用着高度明显低于他视线的电脑,他需要迁就电脑维持弯腰、

有着头顶重物运输习惯的印度尼西亚人

驼背、低头的状态办公。而 B 是一名经常头顶着重物行走的印尼妇女。

他们两个人同时开始跑步和力量训练，请问哪个人更容易出现运动伤病？显然是长期保持弯腰驼背习惯的 A。

A 的日常生活习惯迁移到训练之中无异于灭顶之灾。弯腰硬拉、腰部反弓的深蹲（特别是史密斯机深蹲），都会让他的关节越练越脆。

B 在头顶重物行走的过程中，必须保持脊柱中立位的姿势来获得更强的身体中线稳定能力，这种习惯迁移到训练中，就是锦上添花。

我们在健身房会看见许多人深蹲时过度反弓背部，硬拉时弯腰启动，这些都是导致深蹲硬拉伤腰的重要原因。深蹲和硬拉其实并不会导致下背部、腰椎损伤，没有保持"脊柱中立位"的深蹲和硬拉才会导致损伤。

三、如何感受脊柱的中立位：铰链

看到这里，许多朋友可能会问：如何保证在做深蹲、硬拉、俯身划船、早安躬身等动作的时候不弯腰？我应当怎么去控制我的脊柱？我怎么保持我的脊柱中立位？

以前我喜欢用罗马尼亚硬拉来教普通人掌握"脊柱中立位"。不少身体控制能力良好的学员可以立马学会这个动作，但是有一些缺乏运动的学员却需要花 1~2 节课的时间才能基本掌握这个动作，而且一负重就开始弯腰。

后来，我发现有一个更快的解决方案，这就是"**髋关节铰链**"（我习惯简称"铰链"）。

我喜欢让那些本体感觉能力不太好的学员直接进行这个动作的学习和训练。

本体感觉能力再差的人，都可以在两分钟内学会屈伸髋关节，然后进一步学会控制自己的脊柱。

没有教练指导的情况下，学习是一个不断自我调整的过程，有的动作容易出错，不适合自我调整。有的动作对本体感觉的要求不高，因为它能够给你即时的反馈，所以它非常适合自我调整。

髋关节铰链就是这样一个非常适合自我调整的动作。动作如下：

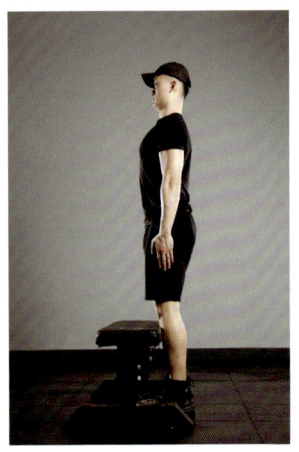

髋关节铰链的徒手版本：选择一张膝盖高度的凳子，在小腿不顶开凳子的情况下完成"身体前倾"的动作

上面这个动作的出错概率很小，它是一个<u>屈髋</u>动作。我们在进行的时候，只需要搬一张凳子，放在自己的小腿前面，让自己的小腿始终碰到凳子，然后如图所示进行以下的步骤：微屈膝，背部保持紧张，臀部往后推，上半身顺势前倾。注意不要让小腿顶开凳子。

建议以 10 个为一组，连续练习 5 组，练习时主要感受一下大腿后面的拉扯感，如果腰部有拉扯感，就停止动作还原到站立姿势。

建议在练习动作时，找一个地方打开手机把自己的动作过程录制下来，进行确认，看看是否有抬头、弯腰。

忠告：请所有看到这里的朋友，立马起身来完成一下这个动作，不要仅仅是看文章，而要实际起身来做一做。"知道"和"感受到"是完全不一样的状态。

四、如何学会在训练中保持脊柱的中立位：负重铰链

在练习 5 组 10 次的徒手版本后，可以再进行体前负重的练习，胸前怀抱杠铃片或者其他重物进行铰链动作。

此时，你会感觉你的上背部被杠铃片的重量拉着想要往下坠，你感觉自己将要弯腰——请克服下坠和弯腰的趋势，微微收紧你的上背部和你的腹部，完成这个动作。

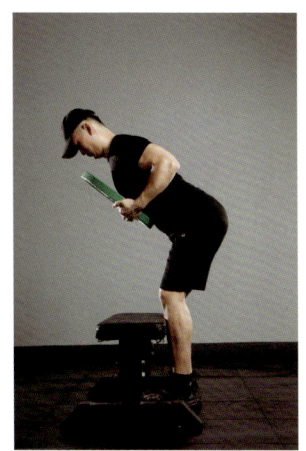

建议女生负重 5 公斤,男生负重 10 公斤。以 8 个为一组,连续练习 4 组。

做完 50 个徒手铰链动作和 32 个负重铰链动作后,你会对"脊柱中立位"这个状态有新的感受。

负重的铰链和徒手的铰链对身体的刺激有很大差异,请所有看到这里的朋友,立马起身来完成一下这个动作。

五、脊柱中立位在训练和生活中的运用

无论是在生活还是在健身中,我们都要尽量保持身体的脊柱中立位,并把这个习惯融入到各个方面。

脊柱不处于中立位的状态容易造成胸腔周围的肌肉和下背部肌肉长期处于紧张状态,并导致肩关节的活动度受限和腰酸等问题。上班族久坐导致的肩部、腰部疼痛都可以通过保持脊柱中立位获得缓解。如果你的力量水平迟迟得不到提升,可能与日常生活中的脊柱姿态有关。

无论你是否在进行力量训练,我都希望你可以保持脊柱中立位,这不仅可以让你拥有一个优美的体态,同时也可以规避很多风险。

在日常生活中,要学会保持腰椎中立位下蹲搬运重物,而不是弯腰搬运重物。捡东西也是一样。

在日常生活中,要学会保持颈椎中立位来使用手机,而不是低头玩手机。使用电脑也是一样。

把手抬高，用手机迁就头部，而不是用头部迁就手机

在训练中，尽量保持脊柱中立位来完成硬拉、深蹲等动作，而不是弯腰完成。（注：力量举式的卧推需要反弓脊柱，所以脊柱可以不保持在中立位）

弯腰的硬拉　　　　　　　　　脊柱中立位硬拉

我带过多位腰椎有伤病的学员（腰椎间盘膨出、腰椎间盘突出）从零基础学习硬拉，始终未曾出现过伤病，这就是由于在教学和训练过程中，我都非常注意让健身者的脊柱保持中立位，从而保证脊柱的稳定。

当你在日常生活中有意识地保持脊柱中立位，可能你的腰部酸痛问题也会有所缓解。

第七节
学会扭矩

一位世界级的举重运动员能够将超过 200 公斤的杠铃支撑在自己的颈前，然后将杠铃举过头顶。

举重运动员想要支撑起这么大的重量而不受伤，并不是仅仅靠肌肉和骨骼来支撑身体，他们更需要的是身体内在的张力。这种张力会通过扭矩表现出来：运动员会将上臂的肱骨向外旋转来支撑杠铃，将大腿的股骨也向外旋转，尽量达成"脚底生根"的感觉，以便支撑起自身的体重和杠铃的重量。

你如果观察过举重比赛，就能够清楚看到运动员在抓举挺举过程中，为了让自己站得更稳，而采用的外旋技术。

举重运动员在抓举启动过程中的外旋技术

到底什么是扭矩？简单而言，扭矩就是关节旋转的力。我们的身体上有两个关节可以产生这种力：一个是肩关节，另一个是髋关节。

这种旋转的力能够让我们的身体形成张力，从而更加稳定。

如果能用最简单的话描述扭矩的作用，那就像是：松散的细绳很脆弱，但我们可以通过旋转的力将松散的 100 根细绳拧成一股极为稳定的粗绳。

一、通过肩部的扭矩形成上肢的整体发力

许多人在做推类的动作过程中，往往只能感觉到手臂或者肩部在发力，很难感觉到胸部的发力感。常常会手力竭了、肩受伤了，胸还在沉睡。

我们只需要加入扭矩、加入肩旋外的小细节：在做动作的时候，上臂向外旋转，就能够明显地感觉到从我们的手掌，到小臂、上臂、肩膀和胸部形成了一个整体。

手支撑在地面上，向外旋转

 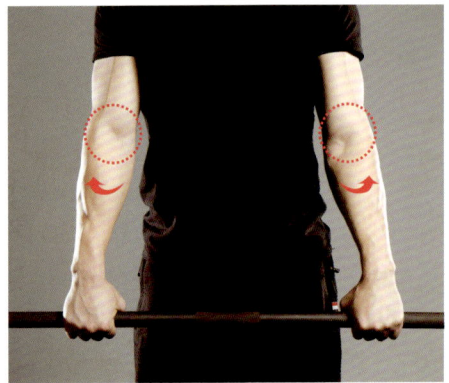

手握住杠铃，向外旋转

但切忌旋转的力太大，否则会导致身体力量减弱。我们只需要保持旋转的力在即可，扭矩的意义在于帮助身体连成整体、形成张力。

二、通过髋关节的旋转形成下肢的整体发力

平常你站在地面上，你的足部，小腿，大腿，臀部是分开的，不是一个整体，如果被人摇晃一下，你就会像风中的垂柳，一摇即倒。就像你在搭公交或地铁的时候，一个急刹车就可能会摔倒。

现在试着加入扭矩的感觉：脚踩实地面后，略微屈膝，将小腿大腿向外旋转。

现在是不是可以感觉到脚底，小腿，大腿，甚至臀部都非常紧张，像是有一根筋从脚底拧到了臀部？这个时候再叫人推一下你试试，是不是感觉脚底生根"扎进"了地下，稳固了很多？

这就是扭矩在下肢训练中的运用。

三、扭矩的意义与实际运用

扭矩可以帮助我们的身体在训练动作中形成张力，打通力线，躯干能够更加稳定，肌肉有更良好的发力感。在训练中，如果不主动产生张力，身体就会自发地在其他地方产生张力。比如在大重量的深蹲中，膝盖内扣、背部反弓，在卧推中手腕过度伸展等等。

卧推，手腕过度伸展

在做推拉类动作时，我们只需要将手臂向外旋转就能够形成扭矩。

如果我们握着杠铃，我们只需要尝试施加一个向外掰弯杠铃的力即可。此方法可用于推举、硬拉、卧推、划船等动作中。

 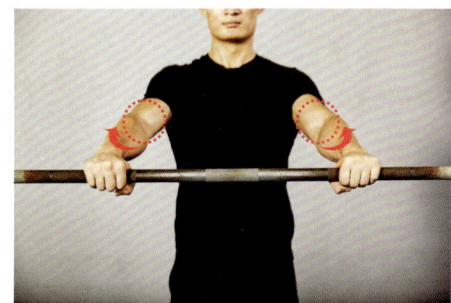

掰弯杠铃

如果我们支撑着一个平面，我们只需要尝试施加一个手掌向外旋转的力即可。此方法可用于俯卧撑中。

在做蹲起动作时，我们只需要将大腿和小腿向外旋转就能够形成扭矩。

现在，可以尝试着将扭矩加入你的训练中去，看看你的身体在训练时是否会更加稳定。

需要额外注意的是，施加扭矩时，不需要对身体施加过多旋转的力，仅仅是维持扭矩的存在即可。施加过多旋转的力，会减少身体的力量。

扭矩在健身教练的教学中，可以被用来纠正学员的膝关节内扣、下肢不稳定、重心无法踩实等问题，见效极快。

四、在力量举训练中是否应当使用扭矩

CrossFit⊖圣经《豹式健身（Becoming a Supple Leopard）》，力量训练的入门书籍《力量训练基础（Starting Strength）》都强调了扭矩的运用、强调了在深蹲过程过程中股骨需要向外旋转、向外展开，观看中国国家举重队的视频我们也能够发现所有的举重运动员都会采用扭矩进行抓举、挺举训练和比赛。

但是翻阅许多资料，都未曾提到扭矩也具有一定的副作用：当扭矩和牵张反射同时被运用到训练中的时候，扭矩产生的作用力会在牵张反射后被反作用。

我曾经认为扭矩对于保持稳定性的意义很高，但当我们在训练中使用牵张反射技术（比如深蹲底部反弹）的时候，施加扭矩反而会让我们的膝盖内扣，在蹲起后，导致我们下肢的不稳定。

因为牵张反射就像是一面镜子，在反弹前使用了多少的力，在反弹后就会因此反作用多少的力，在反弹前我们的股骨外展、外旋，反弹后，我们的股骨就会随之内旋、内收。

因此，以提升深蹲最大重量为目的的健身者或力量举健身者，在进行深蹲至较低点采用牵张反射技术反弹蹲起时，不应该加入扭矩，以防止膝盖内扣。

⊖ CrossFit：交叉健身。与健美不同，它不以身体外型为主，不强调孤立肌肉训练。是以获得特定的运动能力为目标，通过多种以自身重量、负重为主的高次数、快速、爆发力的动作增强自己的体能和运动能力。

第八节 接触面重心

第一次听说"重心"这个概念，是在国内一场技术性的培训上，后来我的朋友——新疆维吾尔自治区的健美冠军范双一在龄动馆内的一次训练沙龙中详细展示了"压实重心"在力量训练中的运用，让我彻底明白"压实重心"的威力。

一个在训练中找不到胸部、背部发力感的初学者，可以通过手掌重心的转换，迅速地找到肌肉的发力感。

"压实重心"是健美训练的基本功之一，也是区分健美健体运动员和普通健身爱好者的重要标志。倘若专业健身者在训练中，不懂得寻找"重心"，不懂得压实"重心"，那就是基本功不扎实，也就很难在训练中做到精确训练。如果能够每个动作都做到"压实重心"，那也就更容易做到"指哪儿打哪儿"。

在力量训练中，重心可以被简单地归纳为：身体与支撑面（器械、地面）的接触点。

在力量训练中，任何姿势下都应当去找准接触面的重心。

以俯卧撑动作（俯卧支撑位）为例，手脚均与地面接触，手部的重心应有大鱼际、小鱼际、大拇指、食指、中指、无名指、小拇指七处。倘若动作过程中，大鱼际未能压实，则胸部不会有刺激感觉，而手臂会更容易酸痛、无力。倘若小鱼际未能压实，则在俯卧撑过程中，更容易产生耸肩代偿。

以卧推动作（仰卧支撑位）为例，身体重心应当有：肩部、肩胛骨、臀部、脚部、手掌大鱼际、手掌小鱼际处。此六处应当压实、贴合于接触面。

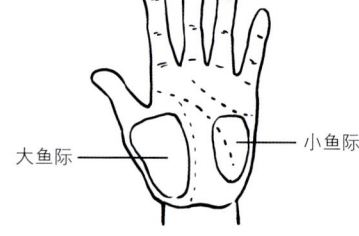

肩胛骨在动作过程中如果没有始终保持后缩状态贴合卧推凳，就会导致力无法从躯干顺畅传导至肩部，斜方肌代替胸部承受了更多的作用力。如果脚掌未能踩实地面，那么下肢必然容易在卧推时出现晃动、身体就丧失了臀部以下部位的稳定性。如果脚部在卧推时完全离开地面，身体就因此丧失两个支撑点，失去了下肢力量的支撑，躯干就要负责维持更多的稳定性，卧推也就更加困难。如若是手指大鱼际处未能压实杠铃，在动作过程中，胸部就难以获得足够的刺激。

以深蹲为例（站立位），脚掌与地面接触，脚掌的重心应有前脚掌的内侧、前脚掌外侧、前脚后跟、第一和第二根脚趾的中间、脚内侧中间、脚外侧中间、脚中间七处。在七处重心都踩稳压实的情况下，进行深蹲动作，侧重压实前脚掌内侧和脚内侧中间的重心，可以更容易感受到内收肌群发力；侧重压实前脚掌外侧和脚外侧中间的重心，可以更容易感受到股四头肌外侧头的发力；侧重压实脚后跟，可以更容易感受到臀部和腘绳肌的发力。根据筋膜链的理论，不难解释这一现象：肌肉与肌肉通过筋膜联系在一起，踩实重心不仅有助于提高足底筋膜的紧张程度，更有助于提高筋膜链上肌肉的参与度，如果一处重心未能踩实，相应肌肉的参与度也会随之下降。

以引体向上、杠铃划船等拉类动作为例。如果只是简单地握住杠铃或者单杠，手掌处小鱼际往往会无法"压实"，因此背阔肌的参与感也会减弱。如果能够将小鱼际处的"重心"压实，背部的整体参与感会更加强烈，发力也会更加明显。

现以站立位为例，说明脚掌踩实地面的步骤。不妨想象 7 颗钉子，逐步钉入脚掌：

1. 先钉住大脚趾后面的趾骨；
2. 再钉住小脚趾后面的趾骨；
3. 钉住脚后跟；
4. 钉住大脚趾和第二脚趾中间；
5. 大腿内侧用力夹紧，感觉足弓发力踩地面，钉住那个点；
6. 钉住脚掌外缘中央；
7. 钉住脚掌中心。

然后再尝试进行深蹲等动作，感受是否与随意站立时有区别。

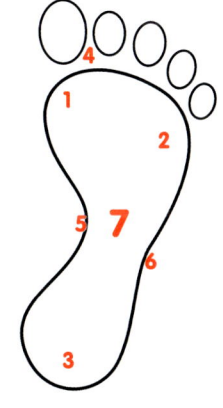

脚掌踩实地面的 7 步

第九节
弥补你训练中缺失的一环

经济基础决定上层建筑,健身也同理,身体稳定能力决定动作质量。

新手在刚刚踏入健身房时,往往是苦恼不知道做什么训练动作,或者是担心训练动作是否规范、到位。殊不知在这之前,我们更需要注意的是身体的稳定和控制能力,地基不稳、大厦即倾。在身体稳定和控制能力不足的情况下去学习动作,学会的也只是不稳定的动作。

因此,在书籍最开始的部分,我没有去介绍传统意义上的健身动作,而是花费了大量的篇幅讲了两个训练中的注意事项(宁轻勿假、注重本体感受)以及与身体稳定能力相关的六个概念(绷紧腹部、腹式呼吸、瓦式呼吸、脊柱中立位、扭矩、接触面重心)。这些概念在传统的健身观念中很少被强调,但是我们应当重视它们。

对你有用的东西,可能本质上不花哨、很简单,但它却能弥补你训练中缺失掉的那一环。

以呼吸为例,如果想要开始训练,慢慢地学会腹式呼吸是很有必要的。我们日常生活中每天要进行上万次呼吸,呼吸是整个人体运动系统中最基础的动作,更优化的呼吸模式是身体稳定能力的基石。

不会腹式呼吸的健身者容易在做动作的时候躯干不稳定、耸肩,日常生活中容易肩膀、脖子酸痛。

不会绷紧腹部的健身者容易在做动作的时候塌腰、腰酸、弯腰发力,日常生活中容易腰酸。

不会常规训练呼吸的健身者容易在训练时过度憋气、头晕不适。

不会瓦式呼吸的健身者容易在较大强度的力量训练中动作变形或者试举失败。学习瓦式呼吸可以提高我们在高强度训练下的动作质量。

不会脊柱中立位的健身者容易在深蹲、俯卧撑、硬拉中让关节承受过多的压力，导致受伤。

不会扭矩的健身者容易膝盖内扣。学习扭矩可以帮助我们获得更强的上肢和下肢稳定能力。

不会压实接触面重心的健身者，难以寻找到目标肌肉的发力感，更容易在训练中丧失身体张力，出现动作代偿。

这些，都可能是你在训练中缺失的一环。

这其中的每一环，都是我在这几年的训练中慢慢体会到、摸索出来的实用技巧，如果大家能够在训练中做到保持脊柱中立位、运用完全的腹式呼吸、运用扭矩技巧、学会压实重心，我相信训练效果一定有很大程度的提高。

第二章

基础徒手训练动作

本章以及下一章将讲解基础的训练动作。

本章以徒手训练动作为主，下一章以杠铃、哑铃等自由力量训练动作为主。

徒手健身 VS 器械训练

一些徒手健身者会将器械训练贬低得一文不值，将器械训练获得的成果称之为"死肌肉""花架子"，并用自己的专项"人体旗帜""单手引体"等与肌肉男比较，以此证明自己体系的优越性。而一些推崇力量的健身者也常常排斥徒手训练，认为其"训练效率低下""华而不实"。

徒手训练动作和自由力量训练动作本质都是无氧供能系统为主的抗阻训练，它们都可以为你的训练目的服务，没必要非此即彼，更不要被一些狭隘的训练观念所局限。

健美运动员、举重运动员、力量举运动员会练习俯卧撑、双杠臂屈伸、引体向上、划船等徒手训练动作；体操运动员、田径运动员、街健爱好者也可以依靠自由力量训练动作来强化自己的身体素质。二者根本不应对立。

我们要让训练动作为自己的训练目的服务，而不是相反，被训练动作或者环境限制了自己的训练。健身不应当拘泥于形式，也不应当局限于环境。如果你有条件去健身房，大可以考虑健身房的训练。如果你没有条件去健身房，亦可以开始你想要的锻炼。

新手开始健身应当先练固定器械吗

有一种观点认为，初学者在学习健身动作时，应当多考虑固定器械训练，而不是考虑自由重量训练，原因是自由重量的学习难度较大，同时受伤风险也较高。

的确，杠铃、哑铃动作的学习难度确实高于固定器械动作，因为固定器械的轨迹都是设定好的，只要健身者坐在器械上就能够完成动作。而杠铃、哑铃动作要求健身者学会运用自己的身体功能完成动作，不仅要保持自身重心的平衡，还要维持杠铃、哑铃的平衡。健身者还没有学会徒手的动作就开始使用杠铃、哑铃训练，的确容易受伤。

这样一来，就有不少"专家"宣称新手应当用固定器械进行训练。但我坚决反对这种训练思路。一些"专家"给出这样的建议往往只是因为他们无法在短时间内让普通人学会基础的自由重量训练动作，只好给出退而求其次的建议。我花了整整七年的时间为普通人撰写健身动作的科普内容，在线下面对面指导过超过 1000 名普通人健身，我明白普通人在学习动作时遇到的几乎所有问题、可能犯下的所有错误。我花了三年多的时间撰写本书，就是为了协助健身者们能够快速地学习自由重量动作，剖析这些动作中的每一个细节，尽可能地降低自由重量训练的风险。

同时，自由重量训练动作是人天生就会、也天生就应该掌握的动作模式，它不仅能够更好地协助健身者建立身体的协调性，也能够更好地刺激到身体的深层肌群。固定器械训练忽视了深层肌群的练习，固定器械限制住了杠铃轨迹，所以用它进行健身，你只能够强化浅层肌群——你的力量越来越大，但相对而言，你的稳定能力却没有任何提高，甚至可能还进一步被强大的外部肌肉所抑制，致使稳定性越来越差。这是长期只练固定器械的坏处。如果新手一开始就采用器械训练，然后才去学习自由重量训练动作，这些新手会受到固定器械的影响，他们会以为固定器械那种不自然的发力方式才是真正的发力方式，从而使得他们学习自由重量训练动作的时间变得更长。

如果因为自由重量动作需要学习时间就建议新手改用器械训练，这是一种逃避行为，也是懒惰的表现。健身者需要的不仅仅是增加多少肌肉、减掉多少脂肪，更重要的是要把训练中的运动模式、运动能力带入到生活和体育运动中去，日常生活中没有任何的运动会像固定器械那样发力。

一份参考了 14 项实验和调查的文献综述表明，力量训练（力量举、健美、奥林匹克举重等项目）的精英运动员在进行各项目的训练过程中，每训练 1000 小时受伤的平均次数在 0.24~5.5 次之间。而长跑领域的精英运动员，各项目训练 1000 小时受伤的平均次数在 2.5~12.1 次之间。力量训练受伤的风险，比大多数人想像的要低得多。

（注：数据引自 Strength & Conditioning Research 网站的《Which strength sport is most likely to cause an injury?》一文）

每次训练多掌握一个细节就是一种进步

在阅读本章的时候你可能会觉得每一个动作都有许多的细节，想要从零开始学习这些动作并且完全做对是一件困难的事情。的确如此，**对于一个没有训练基础的人来说，这是一件困难的事情**。比如做一个深蹲，可能需要做到十几个细节要点，才能算完成了一个合格的深蹲动作。

因此我建议健身者摒弃"完美主义"的心理，先开始练，保证每次训练完全掌握一个动作细节即可。**健身本身就应该是：训练、模仿、再训练、再模仿、再训练这样一个循环往复的过程。** 不开始，就连模仿改正的机会都没有。这也是这本书的使用方法：先练着，然后看看本书来改正一些细节；再练一段时间，再根据本书内容改改细节，慢慢规范动作。

比如一次训练中，先保证深蹲的重心能够完全踩实，保证脊柱尽量处于中立位；下次训练中，去关注膝关节是否内扣，是否能够髋膝联动。再接下来，去关注动作中的呼吸要点。这样每次都能够将动作细节精进一步，逐渐把动作细节从脑子里练到身体上，最终无须思考也能完成标准动作。

什么徒手动作是最通用的

在上一本书中，我已经阐述过徒手训练动作的选择方案了。我们应当优先选取深蹲（蹲）、剪蹲（分腿蹲）、俯卧撑（推）和划船（拉）这些动作进行训练。

这些动作能够帮助我们在较短时间中获得最好的训练效果。

第一节
徒手深蹲

　　现代人类是习惯于使用双手和双眼的动物。在谈论锻炼肌肉或者增强身体力量的时候，更多人关注的是那些自己双眼可以注意到的部位：身体前侧的胸肌、腹肌，上肢的肱二头肌、肱三头肌，肩部肌肉。而对下肢肌肉的锻炼可能仅仅在走路、跑步上，因此没有运动基础的人很难把力量和下肢联系到一起。但大部分的体育项目，下肢是主导活动的力量之源。

　　在摔跤、柔道、击剑等对抗类项目中，下肢决定了运动员的稳定能力和发力状态。

　　在田径项目中，无论是长达42公里的马拉松还是100米短跑，运动员都是靠自己的双腿产生位移，最终取得比赛的胜利。

　　在举重项目中，运动员靠的不是臂力，而是依靠自己的双腿产生爆发力将力传导至杠铃上，最终举起惊人的重量。

　　所有的球类运动中，下肢的力量和耐力最终决定了运动员是否能够有良好的状态完成整场比赛。以乒乓球为例，这是一个看似只运用上肢的体育运动，但是运动员在比赛的过程中，需要不断地移动自己的身体，变换接球与击球位置，下肢一直在进行跳跃、急停、分腿变化支撑的姿势。而篮球、足球、橄榄球等球类运动更不用说，任何观众都能看得出来下肢力量在这些运动中的重要意义。

　　因此，几乎所有的运动员都会练习长跑、深蹲、箭步蹲项目，为自己的体能和比赛状态服务。

　　中国传统武术中有句话，可能很多人都听过："力从地起，生于脚，发于腿，主宰于腰，行于手指。"指的就是力量的产生、传导和最终表现过程。比如举重中的抓举动作就是运动员脚踩大地，腿部发力向下蹬地，然后通过躯干段进行力量传导，最终表现在用手支撑起杠铃，完成抓举过程。

我认为，看一个国家国民的身体素质，就要看它是否有蹲类的文化，因为蹲，代表着下肢的稳定力量以及全身的爆发力量。许多武侠电影中，主角都会有"扎马步"的行为，这来源于传统武术中的五步桩功。中国传统武术中有"弓马虚仆歇"五步桩功，这是一套蹲类动作和步法的练习。但是在当代中国的大众体育中，蹲类练习的重要性被弱化了，或者说是被忽视了。

当代中国健身存在文化断层，传统武术逐渐式微，未能被大众所接受。西方健身健美的技术漂洋过海来到中国，常常是零碎传播，许多爱好者都不曾体系学习。

在国内健身房可以看见很多的人做卧推、俯卧撑、弯举、推举、引体等等，但是做半蹲、深蹲、全蹲、箭步蹲的健身者并不太多。

蹲类的重要性值得被重申——特别是对于那些没有运动习惯的人。

在一般定义下的力量训练中，深蹲和硬拉直接体现了一个健身者的整体力量水平。

即使不参加体育比赛，深蹲也是一个不能被忽视的动作。在日常生活中，深蹲的价值主要体现于对膝关节的保护，以及对身体后链的刺激上。深蹲是一个伸膝伸髋的发力动作，发力时能够强化大腿前侧的股四头肌、身体后侧的臀部、大腿后侧的腘绳肌、大腿内侧的内收肌。

我们在蹲、跑、跳、推、拉等这些动作中，都需要或多或少地用到这些肌肉。有些人会认为深蹲伤膝盖，其实恰恰相反，正确的深蹲可以强化我们大腿前后侧以及内侧肌肉，从而更好地保护我们的膝关节。不正确的深蹲才会伤害膝盖。

曾有不少学员向我询问：半月板损伤能做深蹲吗？膝盖积液能做深蹲吗？我的建议通常是，咨询过医生后，遵循医嘱即可。如果医生不建议练习深蹲，那就不练习；如果医生允许练习，那就可以练习。

普通人在正确姿势下练习深蹲，可以强化膝盖周围的肌肉，保护膝关节。

我指导过20多位膝关节有伤的学员（膝盖积液、半月板磨损、韧带手术后康复），在经过4~6个月的基础力量训练后，都能够使用100公斤以上的重量完成深蹲，训练中与训练后均无疼痛感与不适感。正是深蹲这个动作帮助他们下肢恢复到普通人的水准。

蹲类型的动作非常重要，所以，在所有的介绍训练动作的系列文章或者书籍中，我都会把深蹲作为第一个讲解的训练动作。

一、深蹲的动作特点

1. 主要关节活动：屈踝伸膝伸髋（站起过程），伸踝屈膝屈髋（蹲下过程）。髋关节或踝关节活动度不足将会限制健身者的深蹲幅度。

2. 参与发力的肌肉：股四头肌、臀大肌、腘绳肌。

3. 动作中的发力感觉：正确的深蹲动作中健身者脚踩在地上，蹬地发力，能够感觉到力量从地面传导到脚上、腿上。深蹲动作中，大腿、臀部有酸痛感觉是正常的，腰部不应当有酸痛的感觉。

4. 深蹲动作中应当压实的重心/支撑点：前脚掌内侧、前脚掌外侧、脚后跟。

5. 在训练深蹲前应当做的事情：充分激活臀中肌，尝试提高髋关节和踝关节活动度。久坐人群应当适当进行髂腰肌、大腿内收肌群、腘绳肌的动态拉伸，并且尝试在训练前适度放松髂胫束和阔筋膜张肌。

6. 动作结束后应当拉伸的肌群：股四头肌、臀大肌、腘绳肌。

二、两种深蹲方法

我在线下指导过超过 1000 名普通人，大部分人刚开始学习健身动作的时候，都是非常典型的"只会屈膝"的蹲法，即脚跟略微抬离地面、膝盖前移，脚尖承力。日常生活中，大部分人习惯这样做下蹲动作，这种蹲法对膝盖有较大的压力。

他们一开始做的深蹲基本是这样的：

只屈曲膝关节的下蹲

而有经验的健身者，深蹲姿势基本是这样的：

膝关节和髋关节同时屈曲的下蹲

上面两个深蹲动作有什么区别呢？

第一种深蹲中，健身者只会"屈伸膝关节"，膝关节就被迫承受较大压力，同时由于现代人的踝关节普遍不是特别好，所以下蹲时，脚后跟必然会翘起。如果一直采用这样的蹲法，自然会出现"膝盖疼痛"的情况了。

第二种深蹲中，健身者"同时屈伸髋关节和膝关节"，髋关节分担了一部分膝关节的压力。臀部作为髋关节周围的肌肉，承担了髋关节很大的压力，这种深蹲也就更容易刺激臀部练出翘臀，也更容易保护我们的膝盖。因此，健身者的膝盖也就不会那么疼了。

正确深蹲动作的正视图

普通人对深蹲这个动作存在许多的误解，比如"深蹲伤膝盖""深蹲时膝盖不能超过脚尖""大重量的深蹲对身体不好""半蹲比深蹲更安全"等等。许多健身教练也秉持着这样的观点去教学，导致这些片面的观点在健身行业里一直流传不止、根深蒂固。甚至很多教练认为深蹲伤膝盖、深蹲不好教学，从而根本不让自己的学员进行深蹲。这是因为他们对深蹲的理解只停留在"只屈曲膝关节的下蹲"这个阶段。

在我的课堂上，深蹲是一个极为关键的动作，学员们几乎每两节课就会练习一次深蹲，但我从来没有遇到过任何学员告诉我：他因为练习深蹲而损伤了膝盖。相反，有许多曾经被膝痛困扰的学员们告诉我，上了我的课程、学习了规范的深蹲动作之后，膝盖反而不痛了。

这其中，"髋膝联动"是关键！ 只要你掌握了"髋膝联动"，膝关节受伤的风险就会大大降低。

三、保护膝盖的深蹲技巧——髋膝联动！

1. 髋膝联动指的是什么？

简单来说，就是在下蹲和站起来的过程中，让我们髋关节和膝关节都同时屈曲、同时伸。

现代人往往不知道"髋关节"在哪里。其实很简单，髋关节就在大腿根部。

你现在站起来，抬起大腿，大腿和身体折叠的地方，就是髋关节。

上肢连接躯干的关节是肩关节，下肢连接躯干的关节是髋关节。肩关节能做什么活动，髋关节就能做什么活动。我们做一个倒立，把自己倒立过来，肩关节和髋关节的功能就会互换了。

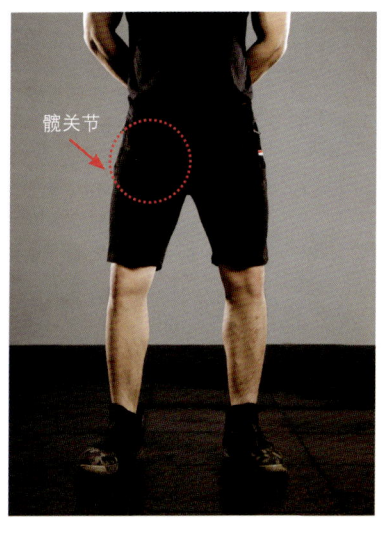

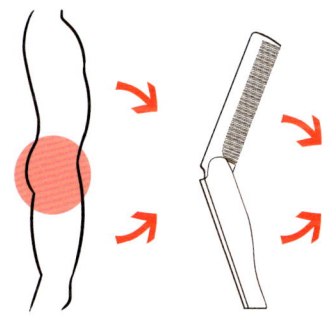

你可以把图中的尺梳当做是你的身体，梳子的两头分别是你的上半身和下半身。
当梳子合拢的时候，你在做"屈髋"；
当梳子展开的时候，你在做"伸髋"。

许多人不知道髋关节还能活动，不懂得深蹲时需要"髋膝联动"，所以总是做不好深蹲。那么问题来了：如何进行髋膝联动的深蹲呢？

2. 如何进行髋膝联动的深蹲？

进行髋膝联动的深蹲，只需要注意两个细节，第一个就是：保持脊柱的中立姿势，不弯腰，不反弓脊柱。

第二个就是在下蹲时主动将臀部往后推，臀部往后推的同时屈膝，这就是比较标准的深蹲的动作模式。

如果你是第一次学习深蹲，我们不妨来做这样的三个步骤，只要你学会这三个步骤，你也就会知道怎么去完成一个膝盖不会疼痛的深蹲了：

第1步：在脊柱中立的前提下，尝试做一个臀部向后推的动作，直至你的大腿后侧非常紧张、臀部无法继续后移为止，这个动作与"髋关节铰链"相近。

第2步：屈膝，同时注意让膝盖向外展开，这么做的目的是为了防止膝盖内扣，以及蹲得更深。

第 3 步：把第一步和第二步同时完成，在屈髋的同时屈膝。

如果你觉得上面的三步有点困难，那不妨直接尝试搬一张凳子放在屁股之后，坐下、站起，反复练习。因为最自然的深蹲模式，就是：坐。

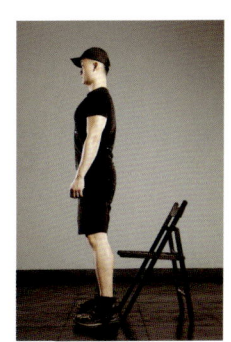

3. 深蹲的时候膝盖到底能不能超过脚尖？

如果你已经学会了髋膝联动的深蹲，你不需要在乎"膝盖是否会超过脚尖"。

我认为，"深蹲的时候膝盖不能超过脚尖"是一个相对化的论述，而非绝对化的论述。它很可能来源于早期健身教练指导学员深蹲时的习惯性提示语。但它不应当成为绝对化的标准。

比如以下两种情况：

情况 1：如果一个人大腿特别长，而脚掌特别短，这个人怎么蹲，膝盖都会超过脚尖。

情况 2：如果一个人大腿特别短，而脚掌特别长，这个人怎么蹲，膝盖都不会超过脚尖。

前文已述，多数人在刚学习深蹲的时候，只懂得主动屈膝，就会导致膝关节承受过多的作用力，而懂得"髋膝联动"的健身者膝关节就没有那么大的压力。教练提示他们"膝盖不超过脚尖"，是一种教学上的纠正，希望他们能够学会"髋膝联动"发力。

如果已经学会了"髋膝联动"的深蹲，那就不需要在乎"膝盖是否超过脚尖"。

如果强制要求在深蹲的时候膝盖不超过脚尖，可能反而会起到反效果。比如有的健身者为了追求膝盖不超过脚尖，就会让身体前倾过多，从而导致出现两个大问题：腰部受力过多，以及身体重心过于往后（容易导致前脚掌离地）。

如果不强制要求"膝盖不超过脚尖"，许多人反而不会出现这种重心不稳和腰部压力过大的情况。所以对于普通人而言,懂得如何做"髋膝联动"的深蹲即可,不需要在意"膝盖超不超过脚尖"这个问题。

由于追求膝盖不超过脚尖,导致下蹲时弯腰了

由于追求膝盖不超过脚尖,导致下蹲时脚尖离地,身体不稳

四、徒手深蹲的动作细节

深蹲是我们学习的第一个训练动作。

在具体讲解深蹲的动作前,我先要告诉大家一些简单的运动解剖学技巧:**在学习站立姿势动作的时候,请从下往上检查、调整自己的身体。**

人站在地面上,就好像盖房子一般,足底是地基,往上盖踝关节、小腿、膝关节、大腿、髋关节、脊柱、肩胛骨、肩关节。所以在学习动作的时候,需要从下往上调整,先调整足底,再调整小腿和膝关节,再调整大腿和髋关节,再调整脊柱,再调整肩胛骨,最后调整肩关节和手臂。如果一位健身者在训练时脚底重心没有踩实就开始深蹲,最终导致的结果是膝关节、髋关节都不稳定,调整完身体后,还得重新去找到脚底重心,从下往上调整踝、膝、髋、肩、肘、腕各个身体部位。

徒手深蹲从脚部开始,依次需要注意以下细节:

1. 站距

我一般建议健身者的深蹲站距为肩膀宽度,可以略宽一些,也可以略窄一些。脚尖不应当外八太多，脚尖向外 15°~30° 的朝向即可。

每个人的身体比例不一样，有的人小腿长大腿短，有的人小腿短大腿长，有的人小腿和大腿都长但躯干却很短，因此每个人合适的站距也会有所区别。深蹲的站距需要健身者自己反复尝试，慢慢磨合到一个适合自己的站距状态。我的建议是：不用纠结，先从肩膀宽度的站距开始学习深蹲，然后在训练过程中慢慢调整。

值得注意的是，虽然站距上没有一个统一的标准，但是脚尖的朝向却和站距是相关的。**脚站距越窄，脚尖就应当越朝向前方，脚站距越宽，脚尖就应当越朝向外八。**

站得宽一些，臀部刺激会更明显，站得窄一些，大腿前侧股四头肌发力会更多。

站距尽量与肩膀同宽，脚尖向前，并外八 15°~30°

2. 脚掌：找准支撑点和"重心"

深蹲的时候，我们应当把足底的支撑点放在前脚掌外侧、前脚掌内侧和脚后跟三个点（详情可参见第一章第 8 节的足底图）上，这三个点踩实不能离开地面。

在深蹲的过程中，常见的错误就是前脚掌离地，或者是脚后跟离地。这就是由于脚底支撑点并未完全踩实的缘故。

脚底的三个支撑点在任何时候都应该踩实在地面上。

让脚底支撑点完全踩实的正确身体感受应为：能够感觉到自己的支撑点可以持续给地面施加压力。如果自己的脚底重心的某个点无法持续给地面施加压力，或者施加的压力减小,即在深蹲过程中身体的重心发生了大幅度的改变,应该及时进行调整。

3. 膝关节

下蹲和站起时都适度向外打开膝关节,防止膝关节内扣,预留出更多的下蹲空间,如果膝关节没有做出"略微向外展开"的动作,在下蹲过程中,大腿前侧的脂肪和肌肉容易撞击到髋部的髂前上棘,膝关节略微向外展开有助于避免这一点,从而帮助你蹲得更低。需要注意的是膝关节"略微向外展开"的动作,其实是髋关节提供的活动,从解剖学上来说,这是一个"髋关节外展 + 外旋"的动作。具体可以查看第 46 页下蹲正视图的示范。

4. 髋关节:髋膝联动的下蹲

下蹲过程中,大腿向外展开,足底重心维持不变。膝盖朝向可以指向脚尖,也可以略微朝向脚掌外侧,以方便蹲得更深以及更多的臀部肌肉参与进来。

下蹲过程中,注意不要只屈膝关节,还应当学会让身体适度前倾,保证髋关节的参与。只屈膝的蹲,因为踝关节的活动限制,很容易让我们的脚后跟翘起,同时我们的膝关节会承受更大的压力。髋膝联动的深蹲,则是把压力转移到臀部,更容易刺激臀部练出翘臀,也更容易保护我们的膝盖。

这一点在前文"髋膝联动"中已经详细说明。

5. 脊柱:保持脊柱中立位

脊柱弯屈的杠铃深蹲

过度反弓脊柱的杠铃深蹲

脊柱中立的杠铃深蹲

在深蹲过程中,训练者不能弯屈脊柱,或者反弓脊柱,而是应当保持脊柱的中立位姿势。脑袋里想着"挺胸"很可能会让你产生反弓脊柱的深蹲姿势,这会让你的下背部很酸胀,臀腿反而没什么感觉。

反弓脊柱的错误蹲法

除了脊柱的状态，我们还需要注意肩胛骨的稳定。肩胛骨位于上背部，在徒手深蹲中，我们需要适当保持上背部的紧张感，保证在动作过程中不出现耸肩、弯屈上背等现象（如何保持上背部的紧张感，在高脚杯深蹲和杠铃深蹲的部分都有所提及）。

6. 站起的技巧

蹲到最低点后，保持身体稳定，膝盖保持向外推的姿势，站起。

这一步看似非常简单，但是非常重要。

这是因为下蹲到底部的时候，你的身体就像是一根橡皮筋被拉长到了最长的状态，身体会借助"牵张反射"的作用，不自觉地收缩肌肉，让你不自觉地"反弹"站起，因此许多人在最低点就会不自觉地放松身体，这是错误的！

在最低点的时候，你可以借助牵张反射站起来，但是你应当继续保持身体的稳定，并且要保持膝盖向外的趋势，不能让膝盖往里移动。

膝盖内扣会使得下肢肌肉更难发力，并在站起过程中让膝盖承受过大的作用力。

膝盖内扣

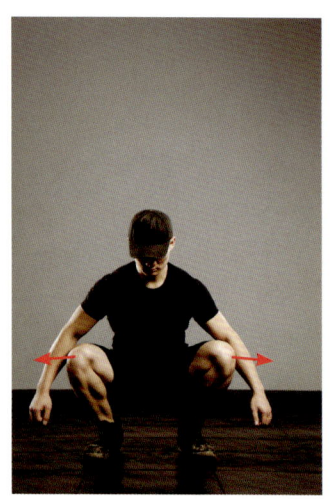

站起来的时候，应当有意识地将膝盖向外展开，其目的是防止膝盖内扣

7. 动作中的呼吸与节奏

在徒手深蹲中，下蹲时吸气，站起时呼气。

动作过程中，尽量一步到位，不要出现突然加速、减速、卡顿、重心摇晃等现象。

8. 深蹲时的意识

在进行深蹲的时候，应当清楚地认识到这是一个"下肢主导发力"的动作，因此在深蹲过程中，应当想着"站起来"，而不是想着"让身体上升"。一些健身者意识里想着"让身体上升"就出现了一个严重的问题：他们会把意识集中在自己的"上半身"，他们会倾向于"挺腰抬头"起身，而不是用下肢蹬地站起来。如果你希望在深蹲时始终保持脊柱中立位，那么，请在脑中保持"脚蹬地站起来"的意识。

五、完成深蹲的正确步骤

前面说了这么多要点，你可能已经觉得"头疼"了，现在我们逐步讲解完成一个徒手深蹲的正确步骤。这个部分的内容本该放在章节的最前面，但由于这个部分的内容非常简单，可能被一些读者所忽视，所以我将这个部分的内容放置于所有动作细节的后面，大家在阅读完前文的细节解释之后，再来看"动作步骤"，有助于加深对于动作的理解。

1. 建立准备姿势

在这一步，需要注意：

（1）确定合适的站距与脚尖朝向（不要过于外八）。

（2）脚底的三个支撑点能够踩实，身体重心不要往前也不要往后，均匀地把身体的重量分散在脚底的三个支撑点上。

2. 完成身体下降过程

在这一步，需要注意：

（1）继续踩实脚底支撑点。

（2）脚底向外旋转，施加一些"扭矩"，让下肢更加稳定。

（3）膝盖在下蹲时略微向外展开，防止膝盖内扣，施加扭矩有助于保持这一点。

（4）下蹲时，脑袋中应当想着"主动前倾身体"，这个动作被称为"屈髋"。

（5）"屈膝"和"屈髋"应当同时开始，同时结束。

（6）蹲到一个自己身体即将开始紧张的幅度就可以准备站起来了。

（7）到达最低点的时候，不要放松身体，继续保持身体的张力，让身体稳定。

3. 完成身体上升过程

在这一步,需要注意:

(1)继续踩实脚底支撑点。

(2)脑袋里应当想着"站起来",而不是"把身体抬起来"或者"让身体起来"。

(3)站起接近最高点时,不要将肚子往前挺,但可以将臀部往前挺。

六、初学者常见的徒手深蹲疑惑

1. 我需要蹲多深,才能被叫作深蹲?

深蹲的幅度应当是髋关节低于膝关节,或至少让髋关节和膝关节平行。如下图 B 点低于 A 点时,才被认可为完成一个"标准深蹲"。

如果在练习过程中,无法下蹲到这个位置,有可能是踝关节或髋关节的活动度受到了限制。建议寻找物理治疗师提高踝关节和髋关节的关节活动度,也可以试试本书中关于下肢热身的内容,会对提高下蹲幅度有所帮助。

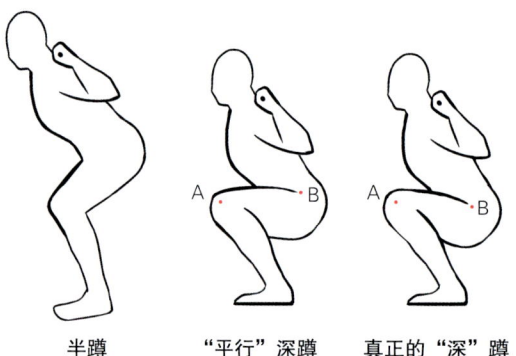

半蹲　　　"平行"深蹲　　　真正的"深"蹲

2. 深蹲时总是弯腰,做不到脊柱中立位怎么办?

请重复阅读本书第一章第六节关于脊柱中立位的概念。

请尝试练习"髋关节铰链"或者"罗马尼亚硬拉"动作,在本书第 23 页及第 102 页中分别有具体说明。

以及尝试本书第 49 页的坐凳子深蹲。

3. 深蹲的时候总是反弓脊柱怎么办?

"反弓脊柱"的问题通常源于训练者过于关注"脊柱的状态",在深蹲时特意绷紧竖脊肌，让身体后侧紧张，但却没有收紧身体前侧的肌群。训练者忽视了深蹲本质上是一个"蹲下、站起"的过程。在训练时，你只需要像本书第一章第三节说的那样，收紧腹部，自然完成动作即可。如果这个问题依然没有得到解决，建议通过"髋关节铰链"或者"罗马尼亚硬拉"来感受"脊柱中立位"。

4. 深蹲时总是膝盖内扣怎么办？

（1）在训练前采用诸如"蚌式""弹力带侧向移动"等髋外展动作，充分激活臀中肌。（弹力带侧向移动动作在本书下肢热身内容中有介绍）

（2）深蹲时使用弹力带。

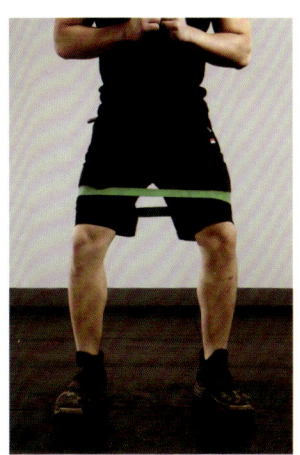

5. 深蹲的时候，足底为什么有三个支撑点？为什么要踩实这三个支撑点？

在更加严格的训练中，我们的足底接触面应当有7个支撑点。3支撑点的技巧实际上为7支撑点的简化版。

在深蹲时，我们应当把身体的整个重心落于足底中间，而大脚趾、小脚趾和脚后跟三个支撑点的中心点正是"足底中间"。我们需要踩实这三个点，从而保证足面和踝关节在深蹲时是稳定的状态。足底的三个支撑点一旦有一侧翘起，你就需要动用额外的肌肉去平衡翘起的这一侧足底。足底是人体的地基，一旦地基不稳，就容易出现前后摇晃的现象。

6. 深蹲的时候，脚尖离地或脚跟离地了怎么办？

只要你踩实了脚底重心，就不会出现这种情况。

7. 深蹲的时候总是骨盆翻转怎么办？

在深蹲蹲到最低点的时候，有一些健身者会发生"骨盆翻转"的现象，即臀部向小腿方向发生旋转。这在轻重量的时候无伤大雅，但是在较大重量或者人体疲劳时容易受伤。

你有三种方法可以尝试来解决这个问题：
（1）收紧上背部。
（2）提高髋关节活动度。
（3）提高踝关节活动度（最常见的是穿举重鞋）。

8. 深蹲时偶尔会出现骨盆翻转怎么办？

骨盆翻转很常见，网上很多文章和教练都把这个问题复杂化了。如果只是偶尔翻转的话，其实只要把上背部收紧就能能够解决骨盆翻转问题。如果脊柱能够保持中立，骨盆偶尔有翻转，原因一般只有两个：上背部力量不够；训练时候未能把上背部合拢！此时强化上背部力量或在深蹲时用力收紧上背部即可解决。

9. 深蹲中总是感觉自己的柔韧性不够怎么办？

寻找物理治疗师解决活动度问题，或者尝试本书下肢热身内容部分的动作。

10. 深蹲的时候，膝盖到底应不应该过脚尖？

如果你在深蹲中做到了"脚底踩实地面""髋膝联动""脊柱中立"三点，你完全不必在意"膝盖是否应当超过脚尖"这个问题。具体原因在"髋膝联动"的部分已经详细说明。

11. 给始终难以掌握深蹲的健身者的建议

有一部分健身者，在自学的情况下怎样也掌握不好深蹲，那么我给出的建议是练习坐凳子的深蹲和底部暂停深蹲。

凳子的高度需要明显低于你膝盖的高度，平常怎样坐下站起，深蹲时就怎样坐下站起，练习时不要过于刻意完成动作。

坐凳子时注意不要让前脚掌翘起，脱离地面。

等练习熟练之后，慢慢脱离凳子开始练习深蹲。并尝试蹲到最低点做2~3秒左右的停留再站起来。整个过程保证脊柱中立位。

七、徒手深蹲的进阶——高脚杯深蹲

当你已经掌握了徒手深蹲的动作细节，适应了徒手深蹲的动作强度，你可以开始进行负重深蹲最简单的变式——高脚杯深蹲。

之所以叫高脚杯深蹲，是因为这个动作就像是把一个高脚杯放在自己的身前一样。

高脚杯深蹲应当注意的细节：

细节1：上背部不应当弯屈，而应当保持紧张，适当合拢自己的肩胛骨，但不要出现过度的挺胸姿势。

细节2：哑铃应当放置在自己的胸骨或者锁骨上，让上肢和躯干共同承担哑铃的重量，这样就不容易在完成深蹲的时候手臂先开始酸痛。

起始姿势（注意保持胸椎中立，肩胛骨稳定）

终止姿势

如果你觉得练得不够过瘾，可以考虑用杠铃进行深蹲训练。关于杠铃深蹲的练习，请看本书的第三章第一节杠铃深蹲部分的内容。

错误起始姿势：弯屈胸椎，肩胛骨前伸

第二节
箭步走

日常生活中的行走、跑步、上楼梯，都是在分腿的情况下完成的动作，在训练动作中增加分腿蹲的动作练习有助于减少左右侧的肌力不平衡的现象，加强身体的平衡性。

竞技体育中的急停、冲刺、射门动作，日常生活中的跑步、上台阶等动作，都是分腿蹲动作的变形，这些动作同时也是位移性动作。因此箭步走的练习会比原地分腿蹲更加实用，具有更好的功能性。一些教练员指导学员进行大量的原地分腿蹲动作，而忽视了移动的练习，箭步走能弥补这一缺陷。

从形体塑造的角度来看，箭步走还有助于提升臀腿的围度和线条感。

一、箭步走的动作特点

1. 主要关节活动：蹲下过程，前侧腿屈膝屈髋、踝关节不动或略微伸踝，后侧腿伸踝屈膝伸髋，髋关节不动或略微伸展；站起过程，前侧腿伸膝伸髋，后侧腿屈踝伸膝屈髋。

2. 参与发力的肌肉：股四头肌、臀大肌、腘绳肌。

3. 动作中负责维持稳定的肌肉：臀中肌。

4. 动作中的发力感觉：剪蹲动作中，大腿、臀部有酸痛感觉是正常的，腰部和膝关节不应当有酸痛、紧张的感觉。

5. 剪蹲动作中前脚应当压实的重心/支撑点：前脚掌内侧、前脚掌外侧、脚后跟。后脚应当压实的重心/支撑点：前脚掌内侧、前脚掌外侧。

6. 在训练剪蹲前应当做的事情：充分激活臀中肌、活动开膝关节，让膝关节的关节囊充分分泌滑液。

7. 动作结束后应当拉伸的肌群：股四头肌、臀大肌、腘绳肌。

二、箭步走的全过程

第一步，并脚站立。

第二步，抬起一只腿，向前迈步。

第三步，让脚跟先落地，然后让前脚掌落地。

第四步，下蹲。

第五步，蹬地发力站起。

三、箭步走的动作细节及原理解释

1. 迈步距离

在箭步走动作中，迈步距离在 0.9~1.3 米长度为宜。如果距离过小，就没有下蹲的空间，膝盖必须前移产生足够的下蹲空间，这样做会造成膝盖压力过大。

迈步较小，没有下蹲空间，膝盖必须前移产生足够的下蹲空间，此时膝盖压力较大

2. 落地状态

迈步后，应当让脚后跟先落地。落地时，应当控制自己的大腿和小腿，使身体尽量"轻"地下放脚掌，不应当使身体失去控制。

脚后跟落地后，逐步过渡到前脚掌落地。

3. 膝盖不触地

在箭步走的过程中，后侧的膝盖始终是不与地面接触的，支撑身体的一直是自己的双脚（尤其是前脚）。

一些初学者在练习这个动作的时候，由于力量不足，会让后侧膝盖触地来帮助自己支撑身体，这无助于提高身体的稳定能力，并且会破坏箭步走的动作模式。

4. 下蹲：箭步走最关键的3个细节

分腿站立到分腿下蹲是最关键的一步。只要能够正确完成下蹲过程，箭步走的动作就能保证基本正确。

（1）下蹲时，应当想着向下坐，而不应当想着向前走。

当一些练习者脑子里想着向前走完成这个动作的时候，膝盖往往出现了不自觉的前移。正确的方法应当是，想着向下坐，主动屈曲后腿膝盖，而不是屈曲前腿。

（2）下蹲时，躯干应当保持竖直的移动，不应当有屈伸、侧屈或者旋转。

（3）在箭步走的动作最低点，我们应当保持3个90度：前侧大腿与小腿成90度，前侧大腿与躯干成90度，后侧大腿与小腿成90度。

错误示范：脑子里想着向前移动的时候，膝盖就会前移，膝盖会承受较大压力

脑子里想着向下坐的时候，身体就能形成3个90度："后侧大腿与小腿成90度""前侧大腿与小腿成90度""前侧大腿与躯干成90度"

与深蹲动作不同的是，箭步走下蹲时，前侧膝盖应当尽量保持在脚后跟的正上方，不仅不能超过脚尖，甚至不应该越过脚跟。箭步走是分腿支撑动作，身体重心在双腿之间，同时由于有后脚进行平衡，因此将膝盖保持在脚后跟上方是最安全和舒适的选择。

值得注意的是，在下蹲到最低点时，后侧髋关节处的髂腰肌和股四头肌会有轻微的拉伸感。

5. 站起

站起过程中的发力有两种：一种是双脚同时蹬地发力；一种是只有前脚向下蹬地发力，后脚不发力，脚后跟随前脚的发力向前移动。

错误的箭步走：脊柱侧屈

如果是初学者，我推荐采用双脚同时蹬地发力的模式，前脚向下蹬地发力，后脚向后蹬地发力站起，后脚的发力有助于让身体更加稳定。

如果训练水平较高，对身体控制能力较好，我推荐采用后一种站起方式，躯干在这种方式中会自觉地抗侧旋和抗侧屈，如果躯干的稳定能力不够，身体就会出现旋转和歪斜。

四、箭步走的练习方式

训练动作组合：我们可以把箭步走作为全部训练中的第一个动作，也可以把这个动作安排在下肢训练的最后去练习。

训练计划设计：我们可以在轻重量下为箭步走安排 3 组 20 次，5 组 30 次这样高容量的训练。

训练强度选择：初学者刚开始先徒手练习，完全掌握动作后，可以每次增加 2.5 公斤的重量进行箭步走的训练。

第三节 俯卧撑

如果只能练习一个推的动作,那我会选择俯卧撑。

俯卧撑是最好的上肢推类动作。不需要任何的器械,徒手就能够完成。同时,俯卧撑结合了上肢训练与核心训练,在强化上肢的同时,俯卧撑还能刺激肩袖肌群,强化我们躯干的稳定能力,它像是一个动态的平板支撑动作。一些体型较大的健身者或者核心力量比较弱的健身者很难在俯卧撑动作中长期保持脊柱中立位。

在本节中,我将从动作要点、常见错误、进退阶思路和训练计划安排上详细解剖俯卧撑动作。

一、俯卧撑的动作特点

1. 主要关节活动:身体下降过程,伸肩屈肘;推起过程,屈肩伸肘。
2. 参与发力的肌肉:胸大肌、肱三头肌、三角肌前束。
3. 动作中负责维持稳定的关键肌肉:肩袖肌群、腹横肌。
4. 动作中的发力感觉:胸肌、肱三头肌、三角肌会有一定的酸胀感。动作中,不应当出现斜方肌上束、下背部的酸痛。
5. 俯卧撑动作中手掌应当压实的重心/支撑点:五个手指指尖、五个手指指根处,以及掌根处的大鱼际和小鱼际。
6. 在训练俯卧撑前应当做的事情:充分激活肩袖肌群、活动开肩关节、让肩关节的关节囊分泌滑液,解决肩关节可能存在的活动限制。
7. 动作结束后应当拉伸的肌群:胸大肌、肱三头肌、三角肌前束。

8. 俯卧撑的全过程：

二、学习俯卧撑动作的前戏

俯卧撑就像是动态的平板支撑。

许多人无法完成俯卧撑的原因之一就是核心稳定能力太差，核心能力弱的表现是在练习俯卧撑时塌腰。塌腰的坏处在于让脊柱脱离了中立位，让躯干变得无法承力。

健身者如果俯卧撑过程中塌腰，腰部就无法承受作用力

塌腰是健身者在练习俯卧撑过程中出现最多的问题。许多军人称自己能够连续完成100个或者200个俯卧撑，但是他们的俯卧撑往往是追求数量而忽视质量。我曾经在特警队训练的时候，和战友们一起比赛练习俯卧撑，当时一位战友以相对标准的姿势一连做了60个俯卧撑，另一位队友试图超过他，用极快的速度，塌腰的姿势完成了80个俯卧撑，在次数上获得了胜利。但是从训练的角度来看，这种塌腰姿势的俯卧撑是以牺牲躯干的稳定能力来换取更多的次数，并不如高质量、少次数地完成俯卧撑来得效果好。

因此，在学习俯卧撑之前，我们需要先学习一个很流行的训练动作：平板支撑。

平板支撑这个动作，刺激最大的是身体的深层肌肉：腹横肌。这个动作并不会、也不应该训练到你的下背部和腰部。假如在训练中你的身体后侧肌肉开始出现感觉，那么你就应该停止这个动作。在大重量的负荷下，平板支撑这个动作对整个躯干的稳定性都有极高的要求。其提高的，是身体前侧肌群的等长收缩能力。平板支撑并不能增加你腹肌的肌肉肥大，也不能让你的腹部线条更明显，更不能帮助你练出所谓的"八块腹肌"。这个动作主要的价值就是能够增加你躯干的稳定能力。

平板支撑

平板支撑的动作细节非常简单：

（1）上肢状态：小臂在地面上支撑，肘关节在肩的正下方，大臂垂直于地面；

（2）躯干状态：保持腰背挺直，尤其注意不要抬头，保持头部中立位；

（3）下肢状态：臀部收紧，膝盖尽量伸直（也可以微屈）。

初学者在练习平板支撑时，常见不规范的细节有：

（1）抬头、塌腰（我们不难发现，抬头和塌腰这两个错误会相互影响，抬头会引起塌腰，塌腰也容易引起抬头）。

（2）手臂向前太多（手臂没有完全垂直于地面并不能归为错误动作，但刚开始练习平板支撑时，最好还是让手臂垂直于地面）。

抬头、塌腰

手臂向前太多，并不能归为错误动作，但初学者练习时，最好还是让手臂与地面保持垂直状态

在练习平板支撑的时候，有一个非常细微的技巧可以防止塌腰的情况出现，就是用整条小臂使劲向地面发力，让肩胛骨略微前伸，想象要把自己的上背部推向天花板的感觉。

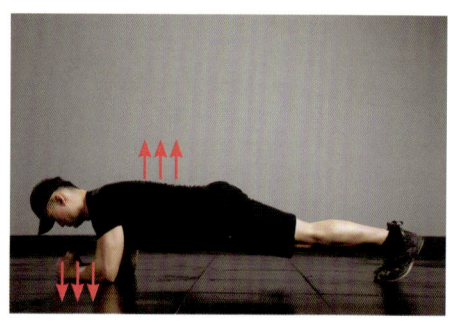

当你能够完成一次 30 秒的标准平板支撑的时候，你就可以开始学习和练习俯卧撑动作了。

三、俯卧撑的六个重要细节

1. 手臂与躯干的夹角

俯卧撑的动作也有许多注意要点。许多刚开始健身的朋友在练习俯卧撑的时候一般会有以下两类问题：

（1）只感觉到手臂在发力，胸肌却没有什么感觉；

（2）肩关节有不适感，做俯卧撑的时候肩关节会有弹响声音。

原因就在于没有将手臂展开到合适的角度。

俯卧撑的手臂展开程度应当是这样的：

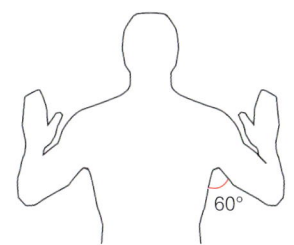

正确的俯卧撑姿势：手臂与身体夹角在 60 度以内

出现问题的新手，在完成俯卧撑的时候往往是这样的：

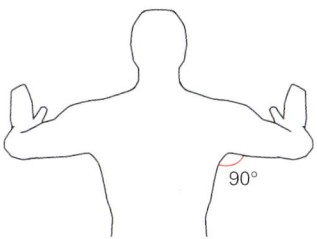

错误的俯卧撑姿势：上臂外展太多，与身体成 90 度

这种姿势下，肩关节承受了大部分的压力，动作姿势不太好。胸肌非常难找到发力感，而且容易出现斜方肌代偿耸肩的现象。

这是因为当我们的上臂外展到 90 度做推类动作的时候，上臂的肱骨会更容易和肩胛骨产生撞击。当上臂仅仅外展到 75 度以内的时候，肱骨就会很自然地避开肩胛骨的突起处，从而让我们更顺利地完成推的动作。

其错误示范如下：

2. 手掌位置

胸大肌具有使肩关节内收、旋内和屈的功能，所以我们在做俯卧撑的时候，把手掌越往髋关节的方向放置，就越能够调动胸大肌的"屈肩"功能，胸肌也就越容易产生明显的发力感。

在我的教学中，发现有许多学员倾向于将将手掌放置在头部位置，这样做并非是错误的，但更容易造成耸肩的情况。因此，我在俯卧撑的教学中，通常建议让健身者将手臂放在肩部的正下方。

手掌放在头部下方　　　　　手掌放在肩部正下方　　　　　手掌放在胸部下方

手掌越靠近髋关节，对于腕关节的压力就会越大，也就越需要腕关节的灵活性。当然，这么做也有好处：它能够让你有更强烈的胸部刺激感，但初学者还是建议将手掌放在肩关节正下方。

3. 压实手掌重心

在进行俯卧撑时，我们需要压实手掌根部大鱼际、小鱼际，压实拇指、食指、中指、无名指、小拇指，压实食指、中指、无名指、小拇指根部的支撑点。此时，身体力量会更加整体化。

在俯卧撑动作中，原动肌有胸大肌和肱三头肌。如果我们在进行俯卧撑的过程中，手掌侧重压实大鱼际处，胸大肌会有更加明显的发力感。手掌侧重压实小鱼际，肱三头肌活跃程度会更高。你可以翻回前文，查看第一章第八节关于接触面重心的讲解。

4. 手掌的朝向

在做俯卧撑时常被忽略的另一个细节是：手掌的朝向。

手掌可以朝前或者略微朝外。但不能够朝内。

在进行俯卧撑的时候，如果手掌朝内，会容易出现手臂与身体夹角过大的情况。同时手掌朝内也容易出现"耸肩"的问题。

手掌朝外太多也不好，这么做也容易导致耸肩，且手掌朝外太多也不容易施加"扭矩"。

手掌朝内

手掌朝外太多，不太恰当

手掌朝前

5. 施加扭矩

为了改善俯卧撑的姿势，我们需要加入扭矩，扭矩能够让你的上肢贯通，力量由胸肌向手掌延伸。细节如下：

让手掌重心贴合于地面，然后让上臂向外旋转，使你的肘窝微微转向身体的前方。此时想象你的手掌重心像是一根旋转的螺丝钉一样旋入地面，在旋转的过程中，你会感受到从手掌根到小臂、到上臂、到肩膀、到胸肌形成了一个整体，此时再去完成俯卧撑就会很容易感觉到胸肌的发力。

该动作细节与前文中的举重动作图中的扭矩示范一致。你可以翻回第一章第7节，查看本书关于扭矩的讲解。

6. 身体移动轨迹

大多数人做俯卧撑的时候胸肌发力感不明显，而手臂较酸，是因为在做俯卧撑的过程中，仅仅是向下移动，而不是向前移动，当你尝试着向前移动去做俯卧撑的时候，胸肌就会有极其明显的参与感。

具体实践方法是，在做俯卧撑的时候，想象用自己的肚脐眼去靠近手掌。

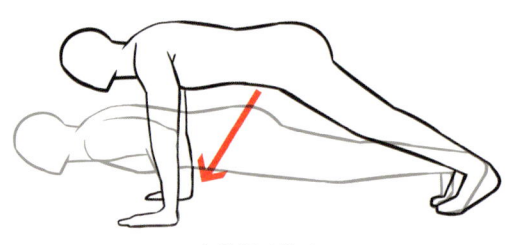

身体运动轨迹

四、俯卧撑最容易犯的三个错误

除了前文所说的"手臂与躯干夹角过大"这个错误以外，训练者还可能会犯三个常见的俯卧撑动作错误：低头、塌腰和耸肩。

1. 低头

2. 塌腰

要解决塌腰的问题，方法如下：俯卧撑向下移动时，胸部要先于腹部向地面移动；向上移动时，要想着"腹部向上移动"，而不仅仅是把自己的身体推起。

3. 耸肩

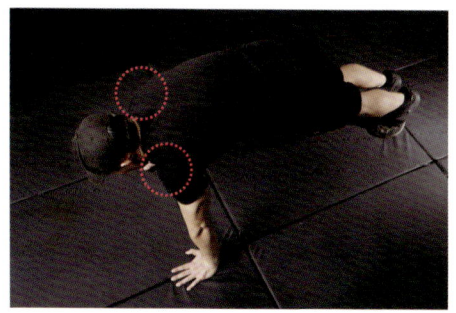

五、完成俯卧撑的正确步骤

在明确了俯卧撑的大部分动作细节后，现在我们逐步讲解严格完成一个俯卧撑的正确步骤，你可以通过这个步骤来进一步加深对俯卧撑的理解。

1. 建立准备姿势

在这一步，需要注意：
（1）手掌在肩胛骨下方或者后方而不是前方。
（2）核心稳定，脊柱中立。
（3）肩胛骨保持稳定，不要耸肩。
（4）手掌的多个支撑点都能够完全压实。

2. 完成身体下降过程

在这一步，需要注意：
（1）手掌的多个支撑点都能够完全压实。

（2）施加一些"扭矩"，让手臂更加稳定。

（3）让手臂不要成"一"字形展开，而是成"人"字形展开，施加扭矩有助于达到这一点。

（4）脑袋中想着，向前移动身体，而不是向下移动身体。

（5）不要让腹部下陷。

3. 完成身体上升过程

在这一步，需要注意：

（1）手掌的多个支撑点都能够完全压实。

（2）脑袋中想着"让肘关节远离身体"将身体推起。

六、无法完成俯卧撑的人，应当如何训练？

俯卧撑是一个非常基础的上肢推类动作。但很多女生听到"俯卧撑"这个词的时候，下意识的反应却是："这个动作太难了，我不会"。女性的下肢相对力量[①]较强，而上肢相对力量较弱，因此从来不运动的女生想要完成一个标准俯卧撑确实是比较困难的。

我在线下教过超过1000名普通人练习俯卧撑，只要规律训练、认真训练，无论多么瘦弱，大部分人都能够在2~4周时间以内完成一个标准俯卧撑。本节中的方法不仅仅适用于女性，也适用于非常瘦弱、上肢力量相对较弱的男性。

1. 俯卧撑的退阶体系

每一个训练动作都有自己的标准动作、退阶动作和进阶动作。

当我们无法完成标准难度的俯卧撑的时候，我们可以考虑降低俯卧撑的难度，进行退阶难度的俯卧撑训练。

女性无法完成俯卧撑主要的原因有两个：

第一是核心稳定性太弱，做动作的时候总是塌腰，核心无法带动下肢一起完成动作。

第二是上肢力量太弱，无法把自己的上肢推离地面。

为此，我会选取"矮台/高台/墙壁俯卧撑"和"跪地俯卧撑"来帮助暂时还无法

---

① 相对力量：指运动员所举的最大重量除以本人的体重所得的商数，是单位体重所具有的最大力量。

完成俯卧撑的朋友进行提高。

"矮台/高台/墙壁俯卧撑"的意义在于提高"俯卧撑"这个动作的核心稳定能力和身体协调性，对上肢力量的提升帮助不大。跪地俯卧撑更侧重强化上肢的力量，对核心稳定能力要求不高。因此这两个动作互为补充，可以作为俯卧撑的退阶动作一起练习。除此之外，你不需要再加入其他的训练动作就能够逐步进阶至标准俯卧撑。

退阶动作 A：跪地俯卧撑

跪地俯卧撑需要在膝盖下方增加一张软垫，否则在进行动作的时候膝关节会有压力，容易产生受伤风险。

退阶动作 B1：矮台俯卧撑

这个动作要求我们在桌子或者凳子上进行俯卧撑。

当你觉得在桌子上做俯卧撑的难度太低时，你可以换成在凳子上进行俯卧撑。

请注意在做高台俯卧撑时，手掌心不要朝内，同时应当压实手掌的大鱼际和小鱼际。

退阶动作 B2：高台俯卧撑

如果连高台俯卧撑都无法完成的女生，可以尝试做一做推墙的俯卧撑，即把手放在墙上来完成俯卧撑。

退阶动作 B3：墙壁俯卧撑

2. 如何为自己制定一个"从零到一"的俯卧撑训练计划

在我看来，如果你要达到完成 1 个标准俯卧撑的能力，需要有一次性完成 10 个跪地俯卧撑的能力以及一次性完成 10 个高台俯卧撑的能力。而想要连续完成 5 个矮台俯卧撑，又需要有一次性做 15 个以上的高台俯卧撑的能力。而想要连续完成 5 次以上的高台俯卧撑，需要有一次性完成 20 次以上墙壁俯卧撑的能力。

如果你已经阅读过《量化健身：原理解析》中关于训练计划的部分，就会对"训练容量"的概念有所了解。在健身初期，应当以提升训练容量为主，通过量的积累，实现更高强度的训练，最终达到质的飞跃。

因此，我会把俯卧撑的计划从简单到困难分为以下几个阶段，每一个阶段仅仅考虑训练的总容量，不考虑训练中的组数、次数安排，只要完成总容量的训练即可。

第一阶段训练：20 次推墙俯卧撑。

第二阶段训练：5 次高台俯卧撑 + 40 次推墙俯卧撑。

第三阶段训练：20 次高台俯卧撑 + 80 次推墙俯卧撑。

第四阶段训练：50 次高台俯卧撑 + 若干次推墙俯卧撑（此阶段可以自己掌握，0 次亦可）。

第五阶段训练：20 次矮台俯卧撑 + 50 次高台俯卧撑。

第六阶段训练：40 次矮台俯卧撑 + 60 次高台俯卧撑。

第七阶段训练：10 次跪地俯卧撑 + 40 次矮台俯卧撑。

第八阶段训练：30 次跪地俯卧撑 + 40 次矮台俯卧撑。

第九阶段训练：50 次跪地俯卧撑 + 50 次矮台俯卧撑。

第十阶段训练：5 次平地俯卧撑 + 50 次跪地俯卧撑 + 50 次矮台俯卧撑。

第十一阶段训练：20 次平地俯卧撑 + 50 次跪地俯卧撑。

第十二阶段训练：正式只用平地俯卧撑进行训练。

以上是一个十二阶段的"从零到一"俯卧撑训练计划，对于一些已经有能力练习俯卧撑的健身者而言，他们可能会很好奇：怎么会有人连高台俯卧撑都完成不了呢？但的确是有这样的人。我无法确定本书的读者到底会是何种水平的健身者，所以我只能将最基础的阶段也考虑进来。

在这样的一个训练计划中，我们唯一需要考虑的事情就是动作的总次数。举例而言，如果要完成 60 次高台俯卧撑，我们可以每组只做 5 个，分成 12 组完成，也可以每组做 10 个，分 6 组完成。甚至可以前 3 组完成 8 次的训练，后面完成 6 组 6 次的训练。如果要完成 10 次的跪地俯卧撑，我们可以 1 组 2 个地完成训练（分成 5 组进行），也可以 1 组 1 个地完成训练（分成 10 组进行）。

在这样的一个训练计划中，有两点需要注意：

（1）我们需要保证每周练习至少两次俯卧撑。

（2）我们需要尽量保证每一次的训练都能够比上一次进步一个阶层。如果无法做到，那么至少要保证每一次的训练都比上一次训练的训练容量要多一些。比如上一次完成了 5 次高台俯卧撑 + 40 次推墙俯卧撑，这次应当不少于 5 次高台和 40 次推墙的次数。

相信通过学习前文介绍的俯卧撑动作要领以及严格执行训练计划，你一定能够在俯卧撑训练中取得长足的进步。

第四节
自重反向划船

在上肢拉类训练动作中，我最为喜欢的，是自重反向划船这个动作。

这是一个自重训练动作，几乎没有难度，不管你是否有训练基础，都可以上手，都能够迅速地找到背部的发力感。

另外，这也是一个非常好的引体向上辅助动作。像练习俯卧撑一样，在你没有办法完成一个标准的平地俯卧撑时，我会建议你先从高台俯卧撑开始学起，慢慢降低高度，直到达成目标。同样的，在你还没有办法完成一个标准的引体向上时，我会转变思路，让你通过反向划船这个动作来逐步进阶。

同时这个动作所需要的道具也是最少、最轻便的。

它能够用一根悬吊带完成动作，也能够用哑铃凳完成动作，还可以用放置杠铃的深蹲架完成动作。

一、反向划船

1. 主要关节活动：上拉过程，伸肩屈肘；下放过程，屈肩伸肘。
2. 参与发力的肌肉：背阔肌，肱二头肌，三角肌后束。
3. 动作中负责维持稳定的肌肉：肩袖肌群。
4. 动作中的发力感觉：背阔肌和肱二头肌会有一定的酸胀感。动作中，不应当出现斜方肌上束的酸痛感觉。如果小臂出现酸痛感，有可能是握力不够或是手腕过于紧张所致。肩胛骨内侧的斜方肌中束和菱形肌在动作过程中可能会有酸痛感。
5. 反向划船动作中应当压实的重心/支撑点：五根手指指尖、大鱼际、小鱼际。如果想要背阔肌有更加明显的发力感，小鱼际尤其需要注重压实。

6. 在训练反向划船前应当做的事情：充分激活肩袖肌群、活动开肩关节，让肩关节的关节囊充分分泌滑液。

7. 动作结束后应当拉伸的肌群：肱二头肌、背阔肌、三角肌后束。

二、悬吊带划船的动作过程与细节

动作细节1：收下巴，自然挺胸收腹，双眼盯着绳子末端。

动作细节2：身体绷成一条直线，双腿并拢，允许翘脚尖（在身体绷紧的情况下，脚尖必然翘起，此时可以考虑在脚前掌处放一些可以踩踏的东西，增强下肢稳定性）。

动作细节3：起始姿态是双手抓着握把，掌心朝下，腋下夹紧。

动作细节4：在身体朝上移动的过程中自然旋转双手至掌心相对，注意手掌的移动轨迹是往胸部下方走，而不是与胸平行。

动作细节5：拉起时吸气，下放时呼气。

三、悬吊带划船常见的不规范细节

1. 手腕过度用力

手腕中立　　　　　　　　　　手腕过度用力

2. 耸肩

耸肩

3. 身体不够紧张

身体不够紧张

4. 没能始终保持绳子的张力

绳子没有绷紧（1）

绳子没有绷紧（2）

5. 把划船变成了弯举

6. 头前引

7. **肘关节离身体太远**。在进行划船的时候,如果想要增加背部的参与感,应当尽量让肘关节紧贴着身体。如果手臂上拉的时候肘关节离开身体过多,此时背部发力感会减弱,三角肌后束和肱二头肌的发力感会增强。

四、悬吊带划船的难度进阶

1. 站立姿势

站立姿势的悬吊带划船是最简单的。

在站立姿势的悬吊带划船动作中,健身者可以前后移动来调节悬吊带划船的难度。人与地面的夹角越小,动作越难;人与地面的夹角越大,动作越简单。

这很好理解:你越垂直地站在地上,背部和手臂承受的力就越少,这个动作也

上图分别是站立姿势 Lv1 难度，站立姿势 Lv2 难度，站立姿势 Lv3 难度

就越简单；你的身体越倾斜，身体的重量就会越多地由背部和手臂来承受，动作也就越难。

如果你已经能够完成上述 Lv3 难度的悬吊带划船，就可以尝试仰卧姿势的悬吊带划船了。

2. 仰卧姿势

仰卧姿势的悬吊带划船可以伸直腿，也可以屈腿完成。其注意细节与站立姿势类似。

仰卧姿势的悬吊带划船（左 2 图为屈腿，右 2 图为直腿）

五、悬吊带划船的替代动作：杠铃反向划船

如果你在健身房内训练，健身房内没有悬吊带，你可以用一根杠铃作为器械，完成反向划船的替代动作：杠铃反向划船。你只需要将杠铃放置在深蹲架上，设置在臀

部的高度，然后像悬吊带划船那样。

这也是一个很好的引体向上退阶动作，你可以把它理解成水平方向的引体，或者反向的卧推。它能很好地练到中下斜方肌和菱形肌（肩胛后缩肌群），以及引体向上需要参与发力的其他背部肌肉。

杠铃反向划船不像悬吊带划船那样可以任意调节动作难度，所以杠铃反向划船只有屈腿和直腿两种，屈腿的难度会比直腿低一些，所需要的器械也少一些。所以建议从屈腿开始练习，然后再尝试直腿。

杠铃反向划船（左 2 图为屈腿，右 2 图为直腿）

这个动作的细节和常见错误与悬吊带划船类似，但还有一个动作细节是需要特别注意的：在杠铃划船训练过程中，必须要全程保持伸髋，不能借屈伸髋的力量来帮助拉高身体。

如果无法拉至身体触碰杠铃，说明你上背部力量不足，在其他力量训练中容易遇到肩袖肌群损伤的风险。

六、初学者会关心的反向划船问题

1. 如何固定悬吊带？

购买悬吊带一般会赠送一个门扣，只需把它挂在门上，然后关门把它卡在门板与墙壁之间即可。

2. 背部没有发力感怎么办？

（1）在上拉的过程中慢慢旋转双手，不要转好再拉或最后才转。

（2）在上拉的过程中，让大臂与小臂的夹角不要小于 90 度。如果你的大臂与小臂的夹角小于 90 度，你实际在做一个接近于弯举的动作，而不是划船。

（3）在上拉的过程中，绳子保持持续的张力，在动作结束的时候，不要让人完全站在地上，这样会让绳子丧失张力，从而让下肢代替背部肌群承受压力。悬吊带划船

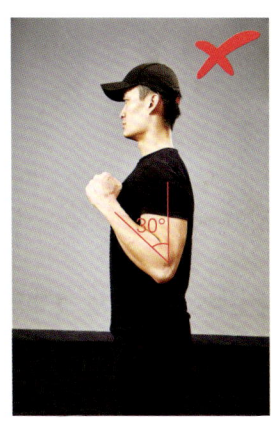 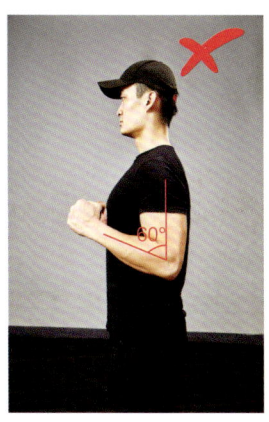 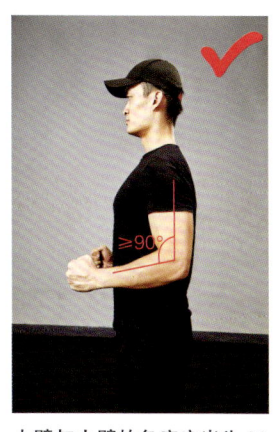

| 大臂与小臂的角度小于90度，此时肱二头肌参与较多，背部发力感较差 | 大臂与小臂的角度小于90度，此时肱二头肌参与较多，背部发力感较差 | 大臂与小臂的角度应当为90度或大于90度，此时背部发力感最强 |

这个动作本质上是用人体的重力作为阻力进行训练，所以当你完全站立在地上的时候，背部就不再承力，也就没有训练效果了。

3. 为什么要旋转我们的手臂？

旋转手臂的意义有两个：一是强化肩部外旋肌群，二是通过手臂的旋转可以让大臂在动作过程中更加贴近身体，从而更好地找到背部肌肉的发力感觉。

4. 手臂的运动轨迹

手臂的运动轨迹是一个向下背部靠拢的弧形轨迹（如下图）。这样能避免拉到胸口时耸肩，解决"手臂发力过多而背部没有感觉"的问题。

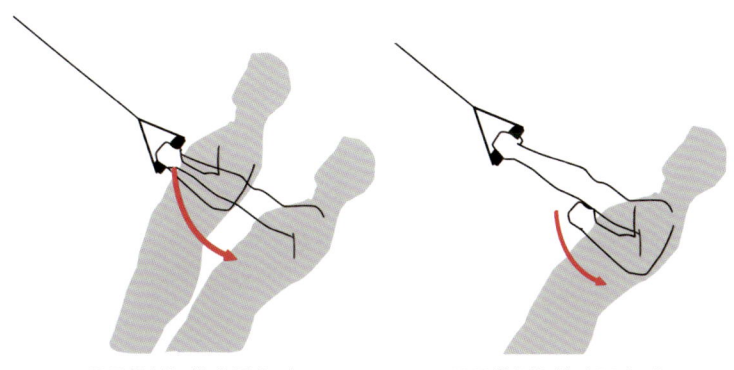

悬吊带划船轨迹图（1）　　　　悬吊带划船轨迹图（2）

5. 为什么练完之后会觉得脖子很累？

出现脖子，或者说后颈酸痛的情况，很有可能是在往上拉的过程中不自觉地耸肩了（即上斜方肌隆起）。也许是因为你日常工作生活习惯导致斜方肌紧张，或者是你已经练得有点疲劳，而不自觉地用了斜方肌发力代偿。

在做这个动作的时候，首先要主动用力下沉肩膀，想象有个人在用力把你肩膀往下压，并保持这种下压感往上拉，胸部主动往绳子移动。

其次在拉到最高点时注意手肘尽量与背部在同一平面，不需要超过背部。

6. 为什么练完之后会觉得腰酸？

脊柱超伸

脊柱相对中立

这是因为你在上拉的过程中脊柱超伸了，脊柱不中立。

如上右图所示，脊柱中立是指下巴收紧、头不后仰、自然挺胸、腹部收紧、下背部保持腰椎的自然曲度、臀部微微内夹，整个身体呈一条直线，并在运动过程中全程保持直线，尤其在上拉中要避免主动凸起腹部往绳子移动。

而上左图中脊柱全程都是超伸展状态，自然会感觉到腰部酸痛。

7. 需要用什么样的动作速度来进行训练

做到后面几组或最后几个时，可能会感到手臂（小臂内侧及肱三头肌）很酸很累，不自觉地用加快动作速度来完成训练。这是一定要避免的情况。因为这是利用了身体惯性来达到动作幅度，并不能使肌肉得到充分的拉伸和收缩，也就得不到该有的训练效果。

8. 训练后感觉大臂外侧非常酸疼？

这种情况常见于新手，因为我们在日常生活中习惯用手臂发力，而背部力量不足，在做拉类动作时会习惯用更强的肌肉发力，也就是手臂。所以手会更快力竭，容易酸疼。

9. 这个动作一组可以只练习 5 个、7 个这么少的次数吗？

可以的。

> **TIPS** 在这一章中，我们的训练动作包含了双腿蹲（深蹲）、分腿蹲（箭步走）、位移（箭步走）、上肢推（俯卧撑）、上肢拉（划船）多个动作模式。可以说这 4 个动作是最为高效的徒手训练动作，如果无法去健身房进行训练，可以先以这 4 个动作在家里开始练习，它们会为你打下一个不错的动作基础。

第三章
基础力量训练动作

第一节 杠铃深蹲

杠铃深蹲，特别是颈后杠铃深蹲，是最能够发展下肢力量和核心力量的训练动作，它能够最大化地调动你的身体潜能。几乎所有的运动员都会练习颈后杠铃深蹲动作。对于普通人而言，杠铃深蹲也是健身中性价比最高的训练动作之一。

杠铃深蹲在第三章徒手深蹲的基础上增加了更多的细节要求，你除了需要控制自己的身体完成动作，还需要控制杠铃的稳定和平衡。

杠铃深蹲的技术更难掌握，但训练价值也更高。

大多数人都低估了自己的潜在力量。在动作规范、计划科学的前提下，普通人只要训练 2~4 个月，就能够扛起自身体重重量的杠铃进行深蹲（包括女性）。更大重量的深蹲能够帮助你更好地练出翘臀、提升下肢力量。

一、杠铃深蹲动作的细节

1. 杠铃位置

颈后杠铃深蹲的位置有两种：一种称为高杠位，杠铃放置在斜方肌上；另一种称为低杠位，杠铃放置在三角肌后束上。

高杠位深蹲

低杠位深蹲

初学者在刚开始练习深蹲的时候，不需要纠结杠位。

高杠位深蹲的特点：杠铃位置在斜方肌上，下蹲时，躯干较为笔直，股四头肌参与更多。高杠位深蹲要求健身者有较好的踝关节灵活度。

低杠位深蹲的特点：杠铃位置在三角肌后束上，下蹲时，身体倾斜幅度会大于高杠位深蹲，能调动更多的伸髋肌群、刺激到更多身体后链肌肉，臀大肌的参与程度相对较高。但低杠位深蹲对肩关节活动度要求很高，初学者刚开始练习低杠位会有明显的不适，需要经过一到两周的练习才会逐步适应低杠位，因此健身房内比较少人用低杠位进行深蹲，只有力量举项目会常用低杠位进行训练。

一般建议初学者先使用高杠位练习深蹲。

2. 收紧背部

保持上背部肌群紧张是深蹲中极为重要的一环。深蹲时弯腰、骨盆翻转等问题的成因通常是上背部力量薄弱或上背部不够紧张。无论是进行徒手深蹲、杠铃深蹲还是哑铃高脚杯深蹲，我们都应当尽量将最重要的三块背部肌群稳定住，从而维持躯干段的稳定。

这三块肌群就是：背阔肌，中下斜方肌和菱形肌。背阔肌可以稳定我们的上臂肱骨，中下斜方肌和菱形肌可以稳定我们的肩胛骨。

有些初学者常犯这样的错误：他们觉得杠铃压在肩上十分别扭，会不自觉地试图用手向上托起杠铃。这是一种本能的反应，但是是错误的，手臂在杠铃深蹲时用于保持平衡和稳定，而不是用于支撑。我们应当用手将杠铃压在我们的肩上，让杠铃更加稳定。收紧背部的第一步，就是将上肢下压，像是在做一个高位下拉。

握杠时把杠铃下拉放在肩膀上

收紧背部的第二步，是合拢肩胛骨，并让肘关节向肩胛骨中心靠近。

从图中示意图可见，中下斜方肌和菱形肌可以稳定我们的肩胛骨，背阔肌则稳定手臂，这三块肌肉协助保持我们上肢的稳定，使我们的身体在几百公斤的重压之下也不会变形。

杠铃深蹲时保证背部收紧、上肢稳定的方法对高杠位和低杠位深蹲均适用。

我们在做深蹲的时候，需要将肩胛骨后合，通过收紧肩胛骨、中下斜方肌和菱形肌保证上肢稳定。做法很简单：

1. 让我们的肩胛骨互相靠拢（如上图中的第一行的箭头）。
2. 让我们的肘关节互相靠拢（如上图中的第二行的箭头）。

有些人在做深蹲的时候会认为，手握得越近，上肢越稳定。但并非如此，手握得太近，容易让肩胛骨变成"上回旋"的状态，此时肩胛骨并不稳定。想要在深蹲中让肩胛骨和上肢稳定，想着"让肘关节尽量向中间靠拢"比"双手向中间靠拢"更好。

3. 握杠技巧

握杠的技巧是常被健身者所忽视的内容。

从抓握的角度来说，有全握和空握两种握法。

从手腕的状态来说，有手腕中立和伸手腕两种持杠方法。

高杠位深蹲建议全握，手腕尽量中立，若肩活动度不够，可以略微伸手腕持杠，伸手腕持杠建议上护腕。

第三章 基础力量训练动作

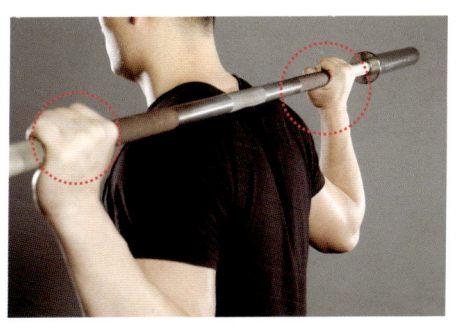

高杠位常见握法：全握，手腕中立位持杠，手腕会比较舒服，但对肩关节活动度有一定要求

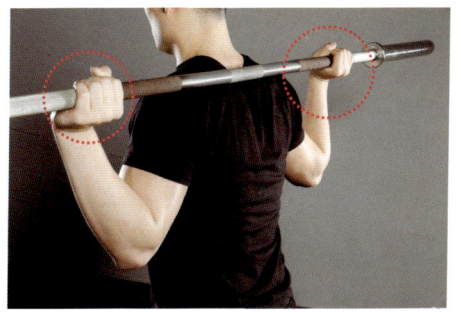

上图中的握法手腕是伸展状态，对肩关节活动度要求较低，但对手腕有较大压力，不推荐采用

低杠位深蹲建议空握，上大重量后，若有胸椎弯曲趋势，可以略微伸手腕持杠，伸手腕持杠建议上护腕。

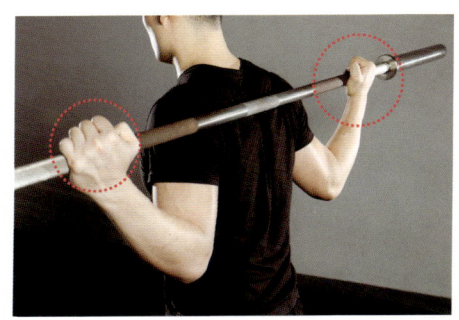

低杠位深蹲中，建议采用上述握法：空握、手腕中立

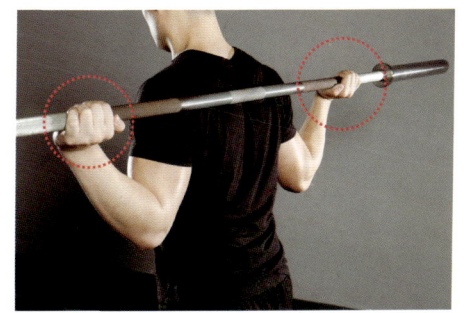

低杠位深蹲中，不建议采用上述握法：空握，伸手腕，如果必须采用上述握法，请务必佩戴护腕

4. 呼吸

中等强度或低强度下采用下蹲时吸气，站起时先憋气再呼气的方式完成。

大重量的情况下采用瓦式呼吸。

5. 起杠与出杠技巧

出杠前的第一步是找好握距，在出杠前，身体就应当保持紧张，以浅蹲的方式起杠，起杠后上肢不应当再进行任何的调整，调整在起杠前就应当完成。

出杠时建议使用二步或三步出杠法，可以最大化保存体力。

二步出杠法：即左右两只脚在起杠后各退一步，调整好后即开始下蹲。

三步出杠法：一侧脚迈两次小步，一侧脚迈一次大步。

切忌向后退太多步出杠，容易浪费过多的力气。

6. 回杠技巧

回杠时请注意，主动屈髋下放杠铃，而不是主动屈膝下放杠铃。

主动屈髋下放杠铃，全程都能控制重心和杠铃，即使回杠时有失误 也不会出现事故

主动屈膝下放杠铃，较难找稳重心，回杠时容易身体向后倾斜，对膝关节和腰椎都有压力

7. 下蹲

下蹲时，与徒手深蹲类似，需要采用髋膝联动的方式，同时屈膝屈髋。

下蹲过程中需要注意全脚掌踩实地面，脑中要留有"前脚掌内侧、前脚掌外侧、脚后跟都要踩实地面发力"的意识。

8. 保持稳定，施加扭矩

深蹲过程中常见的错误就是膝盖内扣、下肢不稳定。为了在下蹲过程中不内扣膝盖，保持身体稳定，可以尝试在深蹲中加入"扭矩"。即在下蹲时让前脚掌向外旋、后脚跟向内旋转，就像下图中的状态一样。

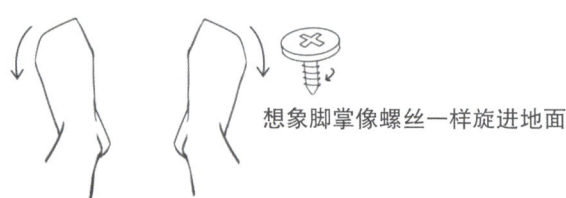

想象脚掌像螺丝一样旋进地面

上图中的旋转是一个示意，实际训练中，脚并不会移动，健身者只是通过脚掌的旋转对抗地面的摩擦力，脚掌是不动的。当健身者施加扭矩之后，膝盖自然而然会有向外展开的趋势。只要保持脚掌不动，膝盖略微外展的方式下蹲，大腿就会变得非常稳定。

9. 最低点状态

即将下蹲到最低点的时候，你可以利用"牵张反射"快速下蹲、反弹站起；也可以放弃"牵张反射"的技术，匀速下蹲，正常站起。两种方法都是可取的，没有对错之分。如果采用前者，你能够借由肌肉弹性势能的释放蹲起更大的重量；如果采用后者，你能够获得更多的肌肉刺激。

（注：牵张反射指的是当肌肉被拉长时，受牵拉的肌肉能发生紧张性收缩，阻止被拉长的现象。在训练时，健身者可以利用牵张反射更快速地完成动作，或者完成更高强度的动作。）

10. 站起过程

深蹲站起过程中，脑中的意识很重要。

如果你脑中想的是"把杠铃抬起来"，那么你就容易反弓脊柱或者弯腰完成深蹲。因为你的目的只是为了让杠铃上升，你的大脑容易忽视身体状态，也就不容易保持脊柱中立位。

如果你脑中想的是"扛着杠铃站起来"，那么你能够更好地保持脊柱中立位完成深蹲。

如果你没有在脑中留有"后脚跟要踩实地面"的意识，那么你在大重量深蹲中，会出现脚后跟离地，人往前倒的情况。

所以在深蹲底部站起过程中，脑袋中要留有"前脚掌内侧、前脚掌外侧、脚后跟都要踩实地面发力"和"扛着杠铃站起来"的意识，才能够稳定地站起来。

11. 最高点状态

对于想要增强绝对力量的健身者而言，应当在深蹲的最高点锁定关节，调整好呼吸，停留1秒左右，再完成第二次深蹲动作。保证每一个动作都是独立的，保证第一个动作到第十个动作都几乎是一模一样的。对于那些想要参加力量举赛事的健身者而言，这么做也能保证动作符合力量举赛事的标准。

对于那些并不想增强绝对力量，而是想要增强肌肉的健美式健身者而言，可以在最高点不做停留、不锁定关节，在站立到最高点后可以立马下蹲完成第二个动作——这样做的好处在于能够保证肌肉的张力，更好地刺激深蹲中的原动肌。

12. 深蹲过程中使劲盯着一个点

如果你有看过IPF（世界力量举锦标赛）中各国冠军的深蹲，你会发现他们在深蹲的时候，就像是一头猛虎瞄准了眼前的猎物，视线锁定在前方的某处，不会上下左右摆动。

建议所有的健身者在练习深蹲的时候，都找准眼睛前方的一个点，使劲盯着它，这可以帮助你强化视觉感受器从而增加身体的平衡能力。这种能力的强化虽然细微，但在极限状态下的区别也是可怕的。

二、高杠位与低杠位的区别

如果你没有尝试过杠铃深蹲，可以暂时跳过以下的内容。对于刚开始练习深蹲的健身者，不需要考虑杠位问题，任何一种深蹲都能够帮助你提高，哪种杠位舒服就用哪种。

如果你已经练习了一段时间杠铃深蹲后，希望专注某种深蹲技术，或是你想要参加力量举比赛，那你就需要好好分析到底哪一种深蹲适合你。

高杠位深蹲要求你把杠铃放在自己的斜方肌上，低杠位深蹲要求你把杠铃放在三角肌后束上。仅仅是这几厘米的区别，就让这两种深蹲方式产生了很大的不同。

原因在于在任何形式的深蹲中，我们都需要保证杠铃的重心在人体上，在站立姿势下人不会往前倒或者往后倒。

所以在高杠位深蹲中，我们通常是第93页左上图的姿势，因为该图的姿势能够让我们扛起杠铃时不会往前或者往后倒。

但在低杠位深蹲中，我们也采用和高杠位深蹲一样的形式，就容易在站立时向后倒。我们需要略微前倾身体，做出"屈髋"的动作，才能够保证身体的稳定。

从上往下分析，高杠位深蹲与低杠位深蹲有以下8点区别：

1. 杠铃位置：高杠位深蹲将杠铃放在斜方肌上，位置较高；低杠位深蹲将杠铃放在三角肌后束上，位置较低。大多数人会觉得杠铃放在斜方肌上更加舒服和自然，因此部分人在初次尝试低杠位深蹲的时候会觉得别扭，大多数人都是采用高杠位深蹲完

第三章 基础力量训练动作

高杠位深蹲完全站直时,杠铃和人的重心刚好在脚掌中心;低杠位深蹲完全站直时,杠铃和人的重心会在脚跟处

成训练。

2. **握法**:高杠位深蹲通常为全握持杠,手腕保持中立姿势;低杠位深蹲通常为空握持杠,手腕伸展和中立姿势都很常见。

3. **肩关节**:高杠位深蹲对肩关节活动度要求较低,低杠位深蹲对于肩关节的活动度要求较高。有一部分健身者会因为肩关节活动度不够,而无法把杠铃放置在三角肌后束上。

4. **躯干倾斜角度**:在最低点时,高杠位深蹲躯干倾斜角度较小;低杠位深蹲躯干倾斜角度较大。在站立到最高点时,高杠位深蹲躯干更加直立;低杠位深蹲躯干需要略微前倾,以保持身体平衡。

低杠位时,训练者略微前倾身体,可以让重心回归脚掌中心

高杠位、低杠位蹲到最低点的对比

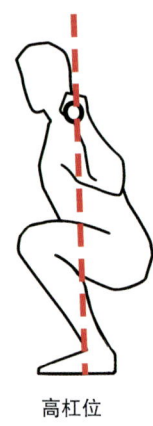 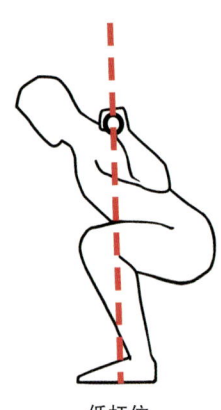

高杠位　　　　　　　　　低杠位

5. **头部姿势与胸椎状态**：高杠位深蹲中，屈髋较少，背角较小，健身者需要始终保持抬头姿势以避免胸椎弯曲，同时通过抬头状态来保证上背部紧张；低杠位深蹲中，屈髋较多，背角较大，健身者头部保持中立姿势即可，不需要抬头。

6. **下肢活动度**：高杠位深蹲对踝关节活动度有较高的要求，许多健身者会使用举重鞋完成高杠位深蹲；低杠位深蹲对髋关节活动度有较高要求，一些健身者会使用平底鞋进行低杠位深蹲。

7. **下肢力量**：高杠位深蹲能调动更多的股四头肌力量，在动作过程中主要靠伸膝力量发力；低杠位深蹲能够调动更多的臀大肌和腘绳肌力量，在动作过程中主要靠伸髋力量发力。

8. **站距与脚尖朝向**：高杠位深蹲通常站距等肩宽，脚尖不会过于外展；低杠位深蹲通常站距与髋同宽，脚尖外展较多。

高杠位深蹲和低杠位深蹲并无优劣之分，我建议根据训练目的和自身的情况进行选择。健身者亦可以两者都练。

如果你想参加力量举比赛，优选考虑进行低杠位深蹲，因为低杠位深蹲能协助你获得更好的力量举比赛成绩。如果你想要更好地刺激臀部肌肉，我也建议将低杠位深蹲加入你的训练之中，因为低杠位深蹲很强调对腘绳肌和臀部力量的运用。

如果你的训练目的是篮球或者举重等其项目，并不追求绝对力量，或者你想要更快地练出强壮的股四头肌，高杠位深蹲可能更加适合你。高杠位深蹲相比低杠位深蹲更加自然，健身房大部分的健身者练习的深蹲都是高杠位深蹲。

三、蹲不下去怎么办

很多刚开始练深蹲的人可能会遇到一个问题：深蹲时幅度不够，也就是常说的"蹲不下去"。

在这个部分，我们来探讨一下关于蹲不下去存在的原因，以及具体的解决方案。只有找到自己深蹲蹲不下去的原因，才能有针对性地去改善以及解决问题。

根据我的教学经验，深蹲蹲不下去的主要原因有以下几点。

原因一：屈髋肌群紧张

现代都市人由于久坐，往往容易出现髂腰肌过紧却无力的情况。如果你在深蹲中会出现蹲不下去，下蹲时髋关节前侧疼痛，同时你的工作又属于久坐型，那么你训练时很可能屈髋肌群会比较紧张。

屈髋跪地—拉伸髂腰肌

建议在每次热身前适当拉伸髂腰肌、股四头肌,以及用按摩球滚压髂腰肌。

上面这个拉伸动作在进行时,后腿触地的膝盖仅用于保持平衡,不能把身体重量放在膝盖上。拉伸时,进行骨盆后倾的动作,或身体略微后仰,拉伸感会更加强烈,切忌盲目追求动作幅度,这样容易骨盆前倾,反而拉伸不到目标肌肉。

另外需要注意的是,有长期运动经历但却没有做好热身、拉伸的运动爱好者,很可能会出现股直肌和股中间肌粘连导致无法完成屈髋动作的情况,这时候合理的拉伸和热身就尤为重要。在训练前完成下肢热身,能够有效地处理这一问题。

原因二:腘绳肌紧张

腘绳肌紧张的问题常出现在成年男性(特别是身体较为健壮的成年男性)的身上。放松、拉伸腘绳肌会让这个问题有所改善。

直腿体前屈—拉伸腘绳肌

原因三:背部肌群紧张

用泡沫轴放松上背部肌肉、按摩球放松下背部肌群会对此问题有一定缓解,以下列出部分放松方法。

泡沫轴放松上背部

蛙式

原因四：髋关节外展与水平外展活动度不够

蛙式这个动作是我认为力量训练爱好者必须做的一个关节活动改善动作，这个动作能够大幅度提高髋关节的灵活度。

蛙式的动作要领是将膝盖向两侧打开，想着用肚脐去贴近地面，然后还原。想象自己是在做一个深蹲的动作。做的时候髋关节处可能会有些疼痛，为正常现象，若有极为强烈的疼痛则应当停止此动作，减小活动幅度。

原因五：内收肌群紧张

内收肌群紧张的问题常见于女性，以及较为瘦弱的男性身上。可能导致的问题有下蹲时膝盖内扣，下蹲幅度不够。

解决方法很简单，采用侧蹲动作拉伸内收肌群，并且在平时多用泡沫轴放松内收肌群。

侧蹲

侧蹲动作的要点：动态拉伸时身体前倾，臀部向一侧后方移动，请勿主动屈膝进行拉伸，而是要记住"身体前倾，臀部向一侧后方移动"。进行动作时，大腿内侧应当有明显的拉伸感。

泡沫轴滚内收肌群

原因六：踝关节活动度不够

踝关节的活动度改善方法有很多，这里列出最简单的两种：

1. 采用拉伸踏板或普通斜面，提高拉伸小腿后侧，提高小腿前侧胫骨前肌的力量。
2. 使用举重鞋进行深蹲。

原因七：臀中肌无力

可以采用弹力带做侧向移动的方法来激活臀中肌，从而解决这个问题。

> **TIPS**
>
> 懒人一步到位解决深蹲限制问题的方法：
> 如果你觉得上面说得很麻烦、看不懂，可以直接采用我的下肢热身体系：龄动 X。
> 这套热身围绕着"髋关节的灵活性"和"下肢整体的稳定性"进行热身，非常适合力量训练者和跑步爱好者。也能轻微改善关节限制问题。
> 扫描书前二维码，关注我的微信公众号"陈柏龄的酱油台"，回复"下肢热身"，可以获得该热身的视频版本，直接跟着做可以了！

第二节 罗马尼亚硬拉

罗马尼亚硬拉是一个最简单的硬拉类动作,也是我最为推崇的硬拉类动作。

不少女生希望在不粗腿的情况下练出翘臀,罗马尼亚硬拉能够帮助她们实现这一点。

大众通常会认为深蹲是一个"最佳"的练臀动作,但深蹲不如罗马尼亚硬拉"纯粹"。深蹲确实可以让你的臀部变翘,但是在练出翘臀的同时,腿部围度也一定会随之增加;而罗马尼亚硬拉恰恰是一个能"翘臀"但不容易粗腿的动作。"罗马尼亚硬拉"的髋关节屈伸幅度更大,膝关节屈伸幅度更小,能够更多地刺激到臀部的肌群,而不会过多刺激到大腿前侧的股四头肌。除了帮助你练出翘臀之外,练习罗马尼亚硬拉还能够帮助你:

1. 缓解因久坐而产生的后表线紧张的状态,改善身体的柔韧度。
2. 提高伸髋力量。
3. 提高握力。
4. 改善下肢某些肌群肌力不平衡的现象。
5. 在日常生活中安全地搬运重物。
6. 获得更强的核心稳定能力。

一、学习罗马尼亚硬拉的前戏

如果你没有练习过罗马尼亚硬拉,你需要先感受在练习罗马尼亚硬拉过程中大腿后侧腘绳肌被拉长和缩短的感觉。练习方法很简单,人站直后,在不弯腰以及屈膝幅度较小的情况下,将自己的臀部往后推,这时候就会有腘绳肌被拉伸的感觉,原路返回时再去感受腘绳肌缩短的感觉。这里额外提醒一下,如果你在完成臀部往后推过程中,下背部有被拉伸的感觉,有可能是弯腰了。

如果我刚刚说的这个动作你无法理解,请重新看一遍本书第一章第六节关于"脊柱中立位"和"髋关节铰链"的内容,并且实践"铰链动作"。在铰链动作的基础上,增加一个手握杠铃的动作,就是罗马尼亚硬拉了。

二、动作全过程

    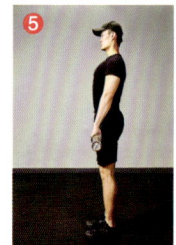

三、动作细节

1. 握距

罗马尼亚硬拉的握距应当略比臀部宽一些,保证在进行动作的时候身体不会阻碍手臂的活动即可。合适的握距可以通过如下的方式确认:

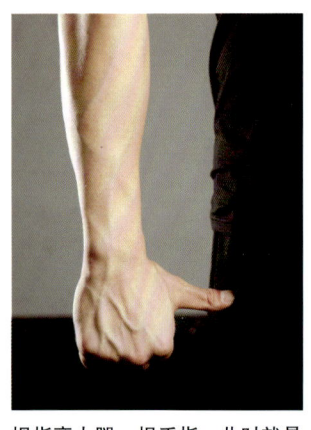

拇指离大腿一根手指,此时就是最佳的握距状态

握距

2. 站距与脚尖朝向

站距 2~3 拳宽，即比肩要窄一些。站距过宽会导致手臂需要握得更宽，而站距过窄容易导致重心不稳，所以站距 2~3 拳宽度较为合适。

在罗马尼亚硬拉中，建议脚尖完全朝向前方。

一些初学者往往习惯脚尖外八站立，在此动作中需要改掉这个不良习惯。

3. 足踝关节 / 脚掌

在进行罗马尼亚硬拉的时候，如同杠铃深蹲一样，将前脚掌向外旋，后脚跟向内旋转，施加扭矩，能够让下肢更加稳定，也能够让臀部有更强烈的刺激感。

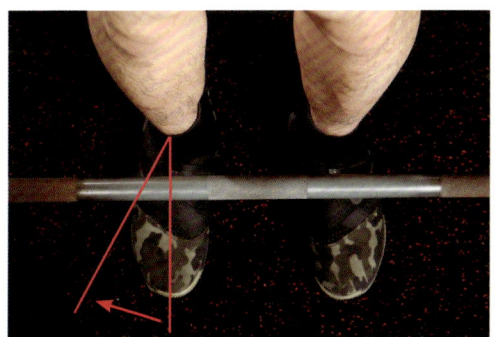

在旋转脚掌的时候，实际上脚掌并没有移动，它只是与地面产生一个相对的摩擦力

4. 膝关节 / 小腿

在罗马尼亚硬拉动作中，**小腿应当始终保持垂直于地面的姿势**，这意味着，膝关节在动作过程中不应当随着杠铃的下移而加大弯曲角度，而是应当始终保持着微

微弯屈的姿势（除了在动作的最高点）。这样做能够让髋关节有更大幅度的屈伸，更能够刺激到臀大肌和腘绳肌。

常见的错误：杠铃下移时，膝盖跟着继续前移下蹲，就导致腘绳肌没有拉伸感，动作没有效果。

一部分训练者会习惯性地伸直膝盖，让小腿和大腿一同往后移动。这种做法虽然说不上错误，但是会让柔韧性不好的训练者变得很煎熬。这种做法会让屈伸髋的角度变得更小，更容易导致弯腰，并不适合初学者练习。

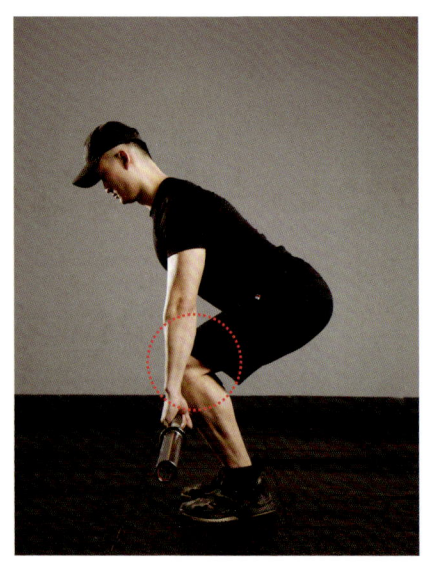

错误示范

5. 髋关节 / 大腿与臀部

如果想要做对罗马尼亚硬拉，有两个小诀窍。这两个小诀窍都与臀部的状态有关系。

第一个诀窍是：在训练开始时，脑中想着**"让自己的臀部往后推，同时身体前倾"**。罗马尼亚硬拉本质上是一个"屈伸髋"的动作，只要训练者能够保持脊柱中立位、握杠俯身，这个动作就算是完成了一半。这个动作的难点就在于如何俯身，如何保持脊柱中立位。在你已经学习过"髋关节铰链"之后，这个难点已经解决了，你只需要脑中想着"让自己的臀部往后拉，同时身体前倾"，这个动作就能够很好地启动了。

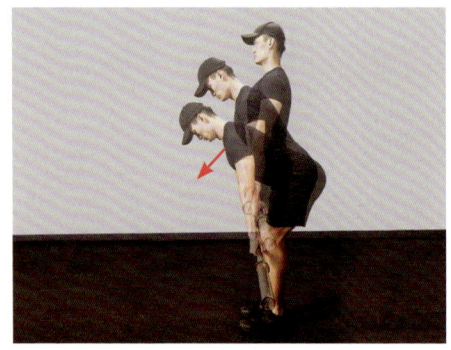

在做罗马尼亚硬拉的时候需要脑袋里想着"身体前倾"而不是"弯屈身体"

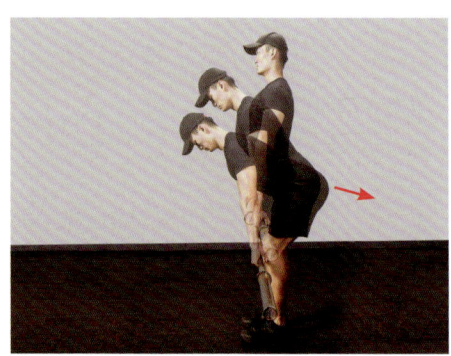

在做罗马尼亚硬拉的时候除了想着"身体前倾"，还需要想着"臀部向后推"，如果没有想着"臀部向后推"，就容易出现弯腰的情况

第二个小技巧是：在动作过程中，**去感受"大腿后侧的拉伸感"**。在下放杠铃的过程中，大腿后侧的腘绳肌会有明显的拉伸感，起身过程中，大腿后侧的肌肉会有缩短的感觉。如果你能够体会到动作过程中"大腿后侧的拉伸感"，就说明你的罗马尼亚硬拉动作做得八九不离十了。

6. 脊柱中立位

正如前文写的一样，在罗马尼亚硬拉中，保持脊柱中立并不仅仅是保持腰椎段不反弓、不弯曲，还包含了颈椎段、胸椎段都必须处于中立位。

颈椎段不处于中立位，常见错误：过度抬头

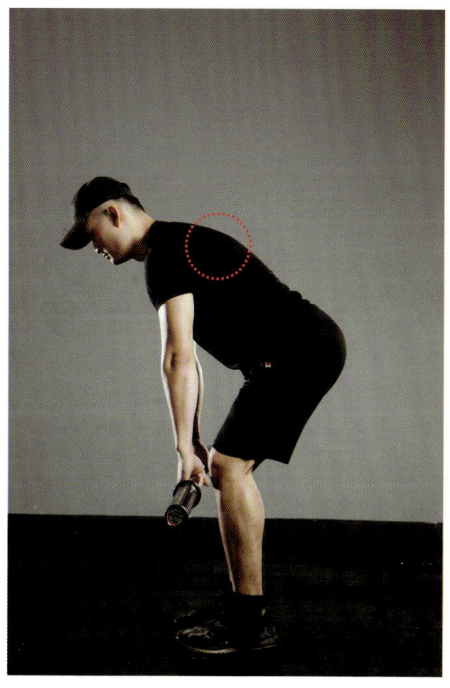

胸椎段不处于中立位，常见错误：弯屈胸椎

腰椎段不在中立位

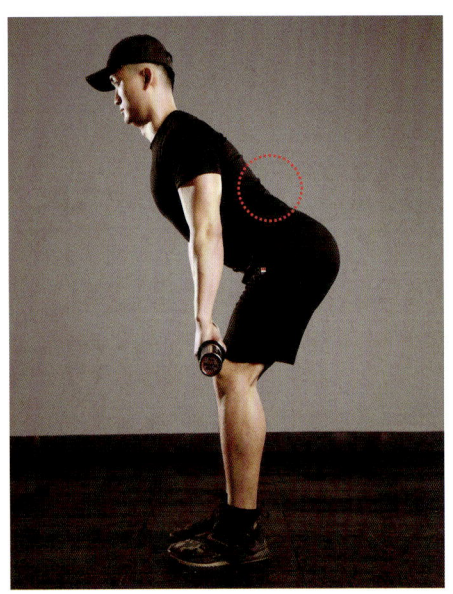
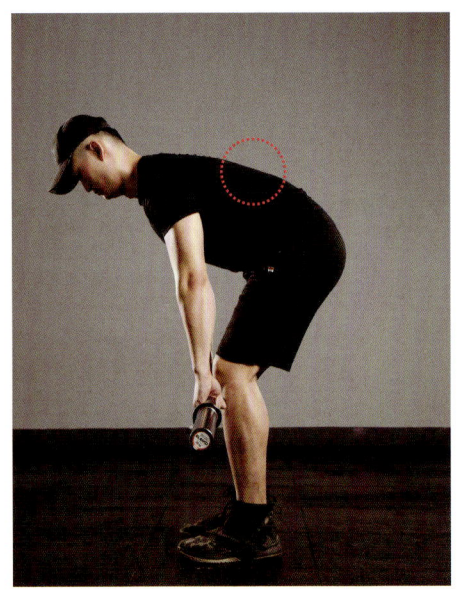

腰椎段不处于中立位，常见错误1：反弓脊柱　　腰椎段不处于中立位，常见错误2：弯屈腰椎

7. 其他需要注意的事项

肩胛骨状态： 训练者经常会忽视肩胛骨的状态。如果你的目的是练习臀部和腘绳肌，那么你在罗马尼亚硬拉动作中，肩胛骨应当保持稳定，不应当有过多的屈伸。如果你的目的是练习竖脊肌，那么罗马尼亚硬拉过程中，肩胛骨有所开合也是可以的。

起杠和回杠姿势： 在起杠和回杠时，尝试使用"罗马尼亚硬拉"的方式起杠和回杠，不要弯腰提起或者下放杠铃。

动作幅度： 在进行罗马尼亚硬拉时，动作幅度达到杠铃略低于膝关节即可。若无法达到这一点，可以先尝试自己能够完成的最大幅度。随着训练次数的增加，你身体后侧的柔韧性会有所提高，你的动作幅度也能够随之提高。

动作轨迹： 尽量直上直下完成罗马尼亚硬拉动作。下放杠铃时，不需要刻意贴着大腿。

四、常见的错误

1. 膝盖内扣

这个问题通过脚向外拧和膝盖朝外打开就可以解决。

2. 手臂弯屈用力去提杠铃

一些初学者在刚刚开始练习罗马尼亚硬拉的时候，会不自觉地用手去提拉杠铃，尝试把杠铃拉起来，这其实是"无用功"，罗马尼亚硬拉这个动作和深蹲一样，是下肢主导发力的动作，上肢仅仅是握杠，不参与主动的发力。

在罗马尼亚硬拉时，很多健身者会不自觉地依靠上肢力量去发力提杠铃，此时就容易出现耸肩和屈手腕的情况

3. 在下放杠铃的时候，前移膝盖，把动作从"硬拉"变成了"深蹲"

4. 弯腰 / 反弓脊柱

5. 用力收紧肩胛骨

许多训练者以为练习罗马尼亚硬拉或者传统硬拉时需要后缩肩胛骨,但其实并不需要这么做。在硬拉中,让肩胛骨保持在中立位就足够了,甚至有一种圆背硬拉技术是需要前伸肩胛骨来完成。我们只需要绷紧身体,让背阔肌紧张程度提高就行了,肩胛骨收紧了反而不容易让身体绷紧。

6. 硬拉的时候扭头/抬头看着镜子

许多训练者会在训练的时候对照镜子来查看自己的动作是否正确,比如有的人会在硬拉的时候扭头看身体右侧/左侧的镜子,这是一个非常危险的行为。让脊柱脱离了中立位,很容易受伤。

如果想要确认自己的动作是否正确,建议拿手机在一旁录像,训练结束后对照录像查看自己的动作。

7. 锁定不足

锁定不足是许多训练者在冲击极限重量时容易出现的错误。许多训练者由于力量不够,动作技术掌握不够娴熟,在杠铃过膝后会习惯性地将杠铃"挂"在大腿上,使劲往上拽,拽到最高点但还没有完全伸膝伸髋锁定,就以为自己完成了动作。

无论是传统硬拉、相扑硬拉,还是罗马尼亚硬拉,这些动作的锁定都应当是完全伸膝伸髋的状态,平时站立状态如何,硬拉锁定时就应当如何。

动作结束时没有完全锁定

8. 过度伸髋

过度伸髋的问题非常常见,不建议在高负荷的情况下使用过度伸髋的硬拉,这种姿势对腰会有一定的压力。

动作结束时过度伸髋

第三节 卧推

卧推是一个水平推的动作，这个动作的发力模式看起来和俯卧撑比较像，但是又有一定的区别。区别点主要在于：俯卧撑动作中，肩胛骨允许有一定的活动；但卧推动作中，肩胛骨需要始终保持后缩、稳定的状态。

许多卧推训练者常常忽视了肩胛骨的稳定性，由此产生了肩袖损伤、肩峰撞击等等问题。对卧推有深刻理解的运动员都能够明白肩胛骨对于上肢稳定的意义。日本卧推天王 Kodoma Daiki（74 公斤级别，其纪录为有装备卧推 300 公斤，无装备卧推 215 公斤）曾经说过，卧推的命门就是肩胛骨。

因此，在学习卧推动作前，我建议大家先掌握两个要点：

1. 在肩胛骨保持后缩的情况下，进行推的动作。
2. 做推的动作的时候，让手臂与躯干的夹角小于 60 度。

一、学习卧推的前戏

1. 保证肩胛骨稳定、不耸肩

练习卧推的时候，需要后缩你的肩胛骨，保证肩胛骨的稳定，避免耸肩。不然圆肩、肩袖损伤、肩峰撞击都会找到你。

练习卧推的时候，需要后缩肩胛骨，并且尝试在卧推前让肩膀向臀部方向移动，这样做可以避免耸肩。

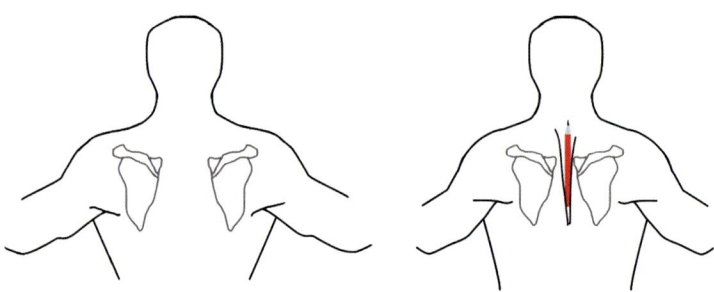

在卧推的时候，需要学会合拢肩胛骨，你不妨想象背部的中间有个铅笔，你要用你的肩胛骨去夹住它

在学习卧推前，请先练习几次"在肩胛骨保持后缩的情况下，进行推的动作"。

许多初学者可能较难在锁定肩胛骨的同时继续做推的动作。我建议这些朋友们，尝试在手臂伸直的情况下，后缩肩胛骨，然后弯屈手臂，再伸直手臂，这就是一个和卧推非常接近的动作。

如果你不理解，没有关系，按照以下三步来进行，模拟卧推。

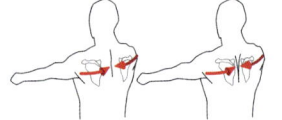 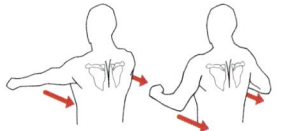 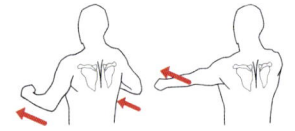

第一步，伸直手臂，向后缩肩胛骨

第二步，在后缩肩胛骨的情况下，做一个屈肘动作

第三步，将动作还原至第一步，注意这个过程中，肩胛骨始终保持后缩状态

2. 注意手臂与躯干夹角，不要进行断头台式的卧推

做所有水平推类动作的时候，都不要让手臂和躯干的夹角打开过大，这样肩部会有过大的压力。

在手臂与躯干成 90 度的姿势下，肩关节承受了大部分的压力，动作姿势不太好，而且容易出现斜方肌代偿耸肩的现象。

这一点在讲解俯卧撑的内容时候，我们已经讨论过了，你可以翻到第二章第三节回顾该内容。

二、杠铃卧推的全程

本章的卧推标准将参照 IPF 力量举比赛中的卧推规则进行详解。即要求训练者在卧推中始终保持：全脚掌踩地、臀部贴凳、头部贴凳等姿势，并且要求杠铃在最低点接触胸部。

  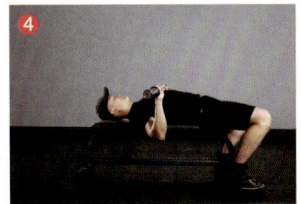

三、杠铃卧推的细节

1. 如何躺下

坐在哑铃凳的边缘躺下，不会在躺下时头部撞到杠铃。如果躺下时坐的位置比较偏内，头部就会撞到杠铃。

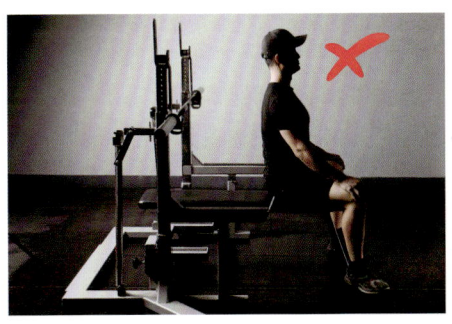 

2. 脚的位置

杠铃卧推中，下肢的状态虽然不像深蹲和硬拉那么重要，但也不可忽视。下肢的稳定性会极大程度影响到卧推时你身体的整体稳定。

在躺下后，将脚尽量朝臀部方向靠拢，脚尖尽量与卧推凳的朝向一致，允许略微外八。

 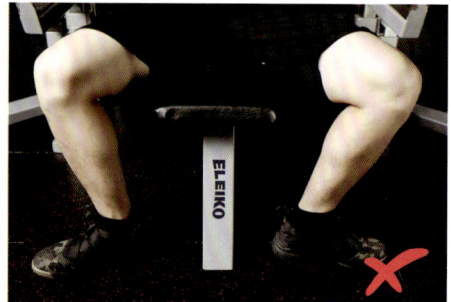

脚尖如果太外八，卧推时脚掌容易离开地面

在卧推时，注意全脚掌踩实在地面上，脚掌向前去"搓"地面。

使用脚掌向前去"搓"地面的好处在于，可以从腿部传递一部分力量至躯干段，帮助你的身体在卧推时更加稳定，也方便在卧推熟练后使用"腿部驱动"的卧推技术。

同时，请注意，在我们练习卧推或者使用腿部启动技术的时候，都需要让股四头肌保持足够的紧张，同时让腘绳肌和臀部肌群尽量放松。如果伸髋肌群过于紧张，就容易在大重量的训练中伸髋抬起臀部，从而使得臀部离开卧推凳（这在严格规则下的力量举比赛中是犯规的，也容易让腰部产生过大的压力）。

如果要做到绷紧股四头肌，技巧很简单，那就是用前脚掌向头部的相反方向用力"搓"地面。如果我们在向前搓地面的过程中，让后脚跟也参与发力，那么"腘绳肌"此时就会吃紧，也就容易出现臀部离开卧推凳的情况。

3. 臀部状态

在股四头肌紧张的情况下，臀部可以保持放松状态。过于紧张的臀部容易在卧推的时候离开凳子。

4. 后缩肩胛骨

在卧推时，许多新手习惯于在推起过程中把肩膀带动一起往上推，这时候整个上肢肩膀极其不稳定。这是一个错误的动作细节，应当改正。卧推时我们应当时刻后缩肩胛骨，保持稳定。如果有前伸肩胛骨错误的，请翻到本书开头，重新尝试徒手的卧推模拟动作 50 次。

前伸肩胛骨　　　　　　　　　　　　后缩肩胛骨

一些训练者认为在卧推时腰部要完全贴合于卧推凳。

事实上，在卧推中，真正需要贴合凳子的，是你的肩部和臀部。

我们需要让背部有略微的反弓，以保证肩胛骨后缩、保持稳定，我们需要通过背部略微的反弓让肩膀"嵌入"卧推凳中，使身体更加稳定。背部完全贴合凳子的卧推反而会让背部更加不稳定。

如果腰部完全贴合凳子，一般是由于训练者的肩胛骨没有完全后缩，或者训练者将脚踩在了卧推凳上进行卧推。无论是哪一种，都未能让身体处于一个好发力的位置。

5. 在后缩肩胛骨之后，下压肩胛骨

肩胛骨可以做六种活动：上提、下压、前伸、后缩、上回旋、下回旋。在卧推中，我们需要让肩胛骨保持在"下压"和"后缩"状态。

如果只做了后缩肩胛骨而没有注意下压肩胛骨，就容易在卧推时出现耸肩的错误。

6. 头部与杠铃的距离

我倾向于在卧推起杠前，让眼睛位于杠铃杆正下方。如果杠铃在嘴巴、喉咙的上方甚至更低的位置，容易在卧推时让杠铃撞击到卧推架。如果杠铃在头发甚至更高位置的上方，人就躺得离杠铃太远，起杠比较困难。

眼睛在杠铃的正下方

7. 握距与握法

在力量举比赛中，杠铃卧推的握距必须在81厘米以内（食指之间的距离）。

普通人刚开始学习卧推的时候，我建议握距采用自身肩膀宽度加4个拳头的距离进行。

在进行杠铃卧推的时候，需要采用全握的握法，握住杠铃时，请保证双手在杠铃上是平衡、对称的。

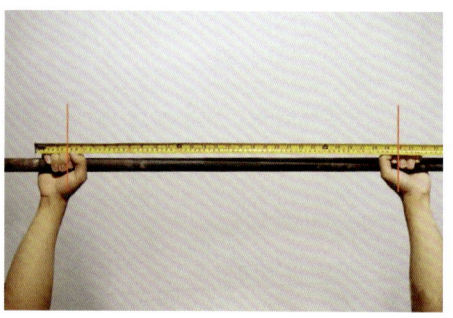

8. 扭矩——把杠铃掰弯

在进行卧推时，可以对杠铃施加一个扭矩，"向外掰弯杠铃"。

关于扭矩的更多说明，可以查看本书第一章第七节的内容。

9. 杠铃的下落点

杠铃的下落点大约在胸口附近的位置。

杠铃的下落点并没有一个准确的位置，会根据你的手臂长度、握距、起桥高度而产生变化。

如果你的手臂较长，那么杠铃下落的最低点就会离头部远一些。如果手臂较短，那么杠铃下落的最低点就会离头部近一些。

如果你的握距较窄，那么杠铃下落的最低点就会离头部远一些。如果握距较宽，那么杠铃下落的最低点就会离头部近一些。

如果你的起桥高度较低，那么杠铃下落的最低点就会离头部远一些。反之，近一些。

许多第一次练习卧推的朋友经常会犯的错误就是落点太高（在脖子附近）或者落点太低（在肚子附近）。

错误示范：杠铃下落位置过高，此时小臂明显不垂直于地面　　错误示范：杠铃下落位置过低，此时小臂明显不垂直于地面　　正确示范：杠铃下落位置良好，此时小臂垂直于地面

请注意，初学者在杠铃下落过程中，请尽量让小臂垂直于地面，以保证更省力、更好地控制杠铃。从上面三张图可以看出，如果小臂在动作中不垂直于地面，手臂和肩膀就要承担更多水平方向的压力，而这种压力本身是没必要存在的。

已经熟练掌握卧推的训练者，可以允许小臂有 5 度以内略微的倾斜（倾斜角度朝向头部）。

许多训练者在卧推时，不太愿意让杠铃接触到自己的身体，往往是下落到一个离胸口还有几厘米的位置，就立马推起杠铃。实际上，无论是力量举训练者，还是形体训练者，在练习卧推的时候完成触胸卧推，效果会更好。

对于力量举训练者而言，在进行卧推训练的时候，必须每一次都接触到胸口后才能推起，这是因为在严格规则的力量举比赛中，杠铃完全下沉到身体上，裁判认为触碰身体并且停稳了，会说"Press"，这时你才能上举，否则就被认为卧推试举失败。

对于形体训练者而言，更长距离的卧推意味着对胸部更强、更深度的刺激，效果也更加优化。

10. 杠铃的最高点

将杠铃推向头部上方，此时手臂未能垂直于地面　　将杠铃推向臀部方向，此时手臂未能垂直于地面　　杠铃置于颈部正上方，此时手臂垂直于地面

你可能会认为上面的2个错误非常可笑、低级，除了初学者，怎么可能有人犯这样的错误呢？先别急着笑，你可以在自己卧推时录一段视频，看看自己在将杠铃推至最高点时，杠铃是否在肩膀正上方。我相信，那时你会对自己的动作有新的认知。

11. 杠铃的轨迹

卧推中，动作轨迹的最低点在胸口附近，而动作轨迹的最高点在肩部的正上方。

因此杠铃的轨迹并非是一条垂直于地面的直线，而是一条从胸口到肩的正上方的曲线，或者斜线。

曲线的轨迹会有无数种，一般来说，训练水平越高者，越倾向于在底部进行水平面的

移动（这也与他们会采用"腿部驱动"的卧推技术有关），如下左图。刚开始接触卧推的训练者，越倾向于在顶部进行水平面的移动，如下右图。

高水平卧推者的卧推曲线

初学者常见的卧推曲线

12. 杠铃的下落过程

杠铃在下落过程中，脑袋里可以想着自己在做一个拉着杠铃往下活动的动作（就像在做反向划船一样），这时候背部会收得更紧，提供更强的稳定性。

13. 如何出杠

许多训练者习惯一躺下就直接出杠，这并不是一个好习惯，在躺下后出杠前这段时间里，我们需要做三件事：后缩肩胛骨，保证握杠铃的手是平衡对称的，调整好呼吸。

出杠时，握住杠铃，将双手伸直，把杠铃从杠铃挂钩中起出，然后像做"直臂下拉"这个动作一样，把杠铃移动到自己的肩部正上方。

出杠前，先吸一口气，然后屏住呼吸，出完杠后，再换一次气，再进行卧推。

请注意出杠时不要耸肩。

14. 如何回杠

回杠时，握住杠铃，将双手伸直，直接向卧推架方向放置杠铃。

四、卧推中的呼吸

卧推的呼吸值得用篇幅专门讲解。卧推中的呼吸也应当专门花时间去调整和练习。优质的呼吸模式甚至可能让你的卧推极限重量直接提升 5~10 公斤。

不同的重量下，我们采用的呼吸方法也是不一样的。

1. 不同重量下的呼吸方法

在轻重量卧推时，建议采用落下时吸气，推起时呼气的方式进行。

在较重重量时,卧推的呼吸方式也可以采用落下时吸气,推起时憋住气的方式进行。

在大重量时，卧推的呼吸方式是采用瓦式呼吸的方式进行，就是在杠铃下落前快速地进气，然后憋住气，完成下落和上举过程，此时再换气。

2. 在卧推时常见的呼吸错误

在本书的第一章第四节，我们已经了解到两种常见的呼吸方式：胸式呼吸和腹式呼吸。在卧推的动作中，如果使用胸式呼吸，会极大程度上造成耸肩、上肢不稳定等问题。在做卧推的时候，胸式呼吸显然是不可取的，我们应该采用腹式呼吸的方式。

采用腹式呼吸能够帮助我们维持脊柱的稳定。

但是一些训练者在采用腹式呼吸时，往往忘记稳定脊柱，出现了一种极为常见的呼吸错误：

训练者吸气时，脊柱伴随吸气做了伸展的动作。

训练者呼气时，脊柱伴随呼气做了屈曲的动作。

在这种情况下，训练者每换气一次，脊柱就会进行一次大幅度的屈伸，原本应当用于维持稳定的脊柱在此时丧失了稳定能力，而原本应当提供活动度的肩关节却需要提供更多的稳定能力。肩部的损伤风险就大大提高了，遇到训练瓶颈的概率也会随之上升。

在这种情况下，如果还采取了起桥技术，会导致脊柱进一步不稳定，甚至产生肋骨外翻的体态。

这种错误的腹式呼吸产生的原因是：**训练者没有在呼吸时做到"将核心区域像一个球一样，整体向外撑开"，而仅仅是将核心区域向前方撑开。**

3. 采用"圆柱体呼吸策略"

在我的教学过程中会发现，有一些身材较为瘦弱的学员，在用腹式呼吸完成卧推的时候，身体会出现不同程度的错误代偿。这种代偿以如下的方式出现：吸气时，腰椎伴随向前伸展，呼气时腰椎还原，同时，出现肋骨外翻体态。

在卧推起桥的状况下，肋骨外翻的现象会更加严重。

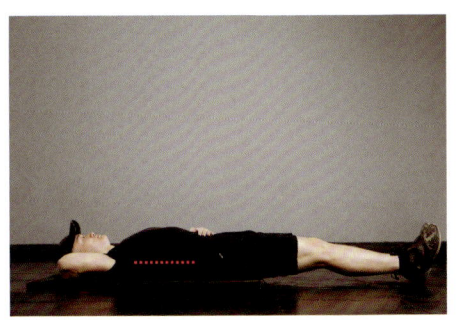
正常，背部完全压实地面

肋骨外翻，下背部没有贴实地面，背部形成拱桥，腰椎压力增加

如果你在做起桥卧推的时候，腰椎会跟随呼吸做屈伸变化，身体就会不稳定。肋骨容易出现外翻情况、腰部也容易不适

　　如果想要做到更加稳定的呼吸状态，我们在吸气时，应当不仅仅只将腹部上鼓，还应当将腹部向左右两侧和后侧一起鼓出，提高整个腹部的稳定性。我们需要想象腰腹部区域绑了一条具有弹性的束腰，在进气时，我们将这条束腰用力地向外整体撑开。

　　有些训练者在卧推时会使用腰带，这是一种帮助你更好地进行圆筒式呼吸策略的方法，也是一种更好地保证核心稳定的方法。训练者在佩戴腰带的情况下，吸气、进气、憋住气，采用瓦式呼吸，整个腹腔就会自然把腰带向外撑开，你的肚子向前去挤压你的腰带，向你的侧面去挤压你的腰带，向你的后面去挤压你的腰带，你的整个腹腔就像球一样，把腰带给撑开。这时候，你就做到了一个完全的、稳定的、横向的腹式呼吸。

4. 在大重量的情况下快速进气

在进行大重量的卧推时，我们需要采用瓦式呼吸的方式完成动作。因此进气和呼气的过程就尤其重要。我建议训练者在大重量卧推时，采用如下方法进气：让气息往腹部方向下沉，快速、小口地进气，仿佛你在用吸管快速地吸杯子里的饮料一样。

五、卧推中常见的不规范细节

1. 把脚放在卧推凳上进行卧推

在健身房里有很多人会习惯性把脚踩在凳子上完成卧推，或者干脆就让脚悬空完成卧推，就像下面这两张图一样。

采用这种卧推方式的训练者往往会解释，这种卧推能够帮助他的身体更加稳定，并且能够让腰部完全贴合凳子，让下背部的压力减少，保护身体，同时能够推起更大的重量。

但实际上把脚放在凳子上会有两个问题。

第一个问题是：当你把脚放在凳子上的时候，很难保证下肢处于稳定状态，核心和肩关节都需要分担出更多的力量去平衡身体。

第二个问题是：我们在卧推时，并不应该通过抬起下肢让下背部贴向凳子，而是应当通过呼吸，让下背部有"贴向凳子"的趋势。

2. 躺得太靠上或者太靠下

人在卧推凳上躺得太靠上就没有空间进行卧推，推起的杠铃容易碰到卧推架。人在卧推凳上躺得太靠下，需要额外在水平面上移动一段很长的距离，当杠铃重量较重的时候，训练者很难独自将杠铃从卧推架中推出来。

3. 半握杠铃

在卧推中，半握（大拇指与另外四指处于杠铃同一侧，半虚握住杠铃）是一种极为危险的握法，容易在卧推训练中让杠铃脱手砸到自己。

 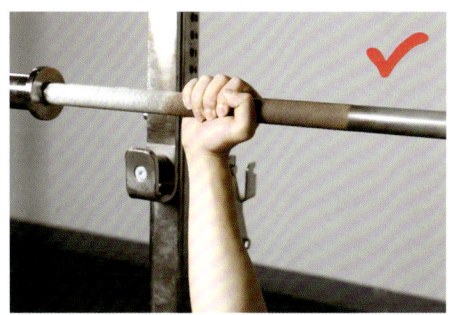

4. 上臂与躯干夹角过大

前文已述，如果卧推中上臂和躯干夹角过大，容易照成肩峰撞击，导致肩部损伤。很多人觉得卧推伤肩，往往都是因为不懂后缩肩胛骨和在卧推时将手臂外展过多。

5. 肩胛骨跟着手臂一起向上移动

前文已述，肩胛骨在卧推中应当保持稳定，不应当随着手臂一起向上移动。

6. 不做完全程的卧推

在健身房中，我总是看到许多健身者只做小幅度的半程卧推，下落时离胸口还有10多厘米的距离，上举时也总是不推到顶峰。偶尔为之还可以理解，但如果总是用这样的训练方法进行卧推，这就极大程度地浪费了卧推的动作价值，也使得卧推的训练效率大大降低。

7. 让杠铃在最低点靠胸部的弹性弹起

实际上，在卧推的动作中，你应当把卧推的下落过程和推起过程当作两个阶段来看待，我们不应当在卧推中依赖这种"反弹"来完成动作。

如果你经常使用胸部反弹的技巧，可能你需要练习更多的胸部暂停卧推。

六、常见的卧推问题

1. 卧推时，杠铃一定需要触碰胸部吗

如果你的肩关节活动度足够，也没有圆肩等体态问题，我建议在训练时让杠铃触胸。杠铃触胸的卧推会让动作轨迹变得更长，对肌肉的刺激更深，训练效果更好。几乎所有的卧推比赛中，卧推动作都需要接触胸口后才能推起。因此建议训练者尽量采用触胸的方式练习卧推。

如果你本身的肩关节活动度较差，有圆肩等体态问题，或者是肩关节有运动损伤，则不建议在卧推时让杠铃触胸，甚至不建议练习卧推动作。这类训练者应当把肩关节损伤、肩关节活动度不足和体态问题解决掉后再开始进行卧推训练。

2. 卧推时，肘关节需要锁死吗

如果你是普通健身爱好者，在进行卧推的时候，不需要锁死肘关节。

如果你具有"肘关节超伸"的体态问题，在进行卧推的时候，不应该锁死肘关节。

如果你是力量举训练者，在进行卧推的时候，需要锁死肘关节。

3. 卧推伤肩吗

卧推动作对于肩部有较高的要求。首先肩部需要有较好的稳定能力，肩袖肌群需要足够强大，才能保证训练者不会产生动作变形。其次，卧推又要求肩部有较好的灵活性。灵活的肩关节才能保证在合拢肩胛骨的前提下完成一个触胸的卧推动作。在肩部稳定能力不足，肩关节灵活度不足的情况下进行卧推，就非常容易让肩膀受伤。关于肩部损伤的具体内容，可以查看本书的第四章第一节内容。

在进行卧推前，你可以先做一个简单的自测，看看目前肩关节的功能是否能够做卧推动作。

检测1：光脚，双脚并拢站立，脚尖朝前，用你左侧的手去摸右侧的肩胛骨下角。然后再用右侧的手去摸左侧的肩胛骨下角。若该过程中，出现任意一次耸肩、疼痛、关节卡压或者触摸不到的情况，则不适宜开展卧推训练。

检测2：光脚，双脚并拢站立，脚尖朝前，做一个类似于"梳头"的动作，用你左侧的手去摸右侧的肩胛冈。然后再用右侧的手去摸左侧的肩胛冈。若该过程中，出现任意一次耸肩、疼痛、关节卡压或者触摸不到的情况，则不适宜开展卧推训练。

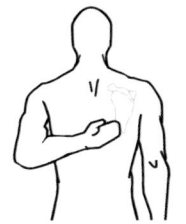 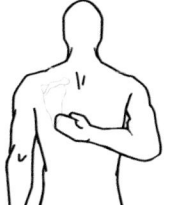  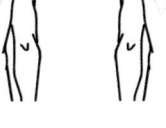

检测1　　　　　　　　　　　　　检测2

第四节

杠铃划船

    杠铃划船是水平拉的训练动作，相比自重反向划船，杠铃划船更能量化负荷、更能精确加重。但是杠铃划船动作对于核心稳定能力有较高的要求，如果一个训练者没有足够强大的腘绳肌、竖脊肌和腹横肌，恐怕在进行这个动作的时候会出现很多错误代偿。因此，在训练的初期，杠铃划船可以用"自重反向划船"替代，等到训练者能够用自身体重 50% 的重量完成重复 10 次的罗马尼亚硬拉训练时，可以考虑开始用杠铃划船进行训练。

    本节中的杠铃划船动作将根据握距的不同，区分为"宽握杠铃划船"和"窄握杠铃划船"两种。这两个动作有诸多相似之处，其区别主要在握距、动作最高点和动作轨迹上，所以本节将两种划船动作一同讲解。

    窄握杠铃划船动作中，关节活动以"肩关节伸展"为主，主要为背阔肌发力，训练目的为提高背阔肌的力量和维度。

    宽握杠铃划船动作中，关节活动以"肩关节水平外展"和"肩胛骨内收"为主，主要为中下斜方肌和三角肌后束发力。宽握划船动作非常适合作为卧推的辅助训练动作，它能够强化现代人过于薄弱的肩背部肌群，防止肩部损伤。

一、窄握杠铃划船

1. 窄握杠铃划船的全过程

上图为准备姿势,杠铃俯身划船的起始状态就是罗马尼亚硬拉接近最低点位置的状态,我们的杠铃俯身划船就从这个姿势开始

2. 窄握杠铃划船的动作细节

(1)站距

站距与传统硬拉相同,建议2~3拳宽度,方便杠铃下落。如果站得太宽,容易导致髋关节活动度较差的健身者,在练习该动作时弯腰。该站距与罗马尼亚硬拉类似。

(2)俯身角度

杠铃划船的准备姿势与罗马尼亚硬拉的结束姿势相似,需要较大的屈髋幅度和较小的屈膝幅度。

俯身角度45度至90度为宜。角度越大,保持脊柱中立位就越难,越需要较强的身体控制能力;角度越大,杠铃的运动轨迹也就越大,越容易提高训练效率。

初学者可以先尝试45度的划船角度,然后慢慢加大俯身的角度。

（3）握距

握距通常等同肩宽。

（4）握法

握杠时注意压实手掌大鱼际和小鱼际。

小鱼际未能压实时，背部发力感会减小很多。

这一细节对背部训练尤其重要，但却被许多普通健身者所忽略。

握距示例

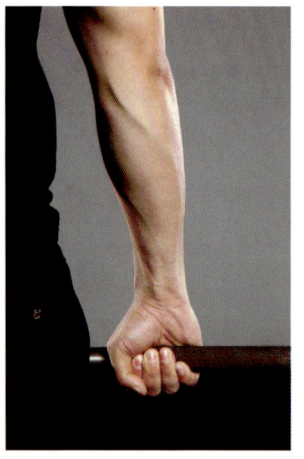

完全握实杠铃

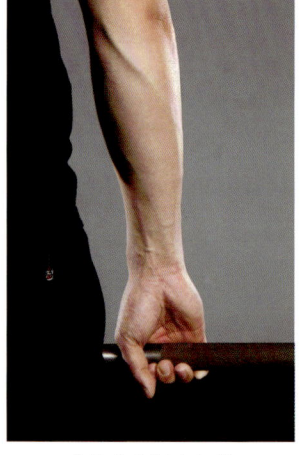

未能完全握实杠铃

（5）动作最低点

动作最低点保持手臂垂直于地面，让杠铃在肩部正下方。

（6）动作最高点

动作最高点应当在肚脐眼到髋关节之间的位置。

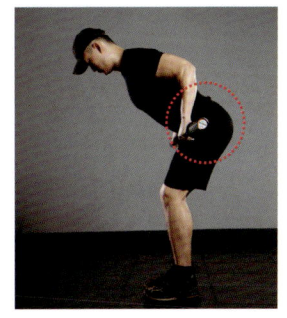

（7）动作轨迹

动作轨迹像是一个斜线或是一个弧线。

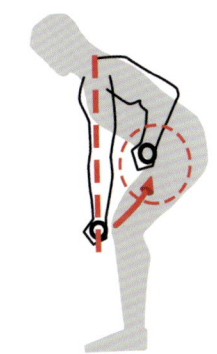

3. 常见的错误

（1）俯身角度较小

在这种姿势下，俯身角度较小，将导致斜方肌上束参与较多，背阔肌几乎没有参与进来，做划船的时候容易感觉到肩膀酸，但背部毫无感觉。

（2）杠铃没有握实

在练习杠铃划船的时候，一个极微小但又是许多人都在犯的错误就是没有完全握实杠铃，特别是小鱼际没有压实杠铃。在划船动作中，小鱼际没有压实杠铃会大大降低臂后表线和臂前表线的参与，从而减少背阔肌的参与。

（3）弯屈上背部和弯腰

纠正方法：多练习罗马尼亚硬拉，感受负重下脊柱保持中立位的感觉。

弯屈上背部　　　　　　　　弯腰

（4）耸肩

（5）手臂离身体过远

刚开始健身的朋友，在做杠铃俯身划船的时候，如果手臂离开躯干过多，手臂上的肱二头肌就容易参与发力，而背阔肌发力没那么明显。很多人做划船类动作训练的时候胳膊酸，可能就是因为手臂离开躯干过多。相反，如果上臂有意识地贴向躯干，

如果进行杠铃划船时,手臂离身体太远,背阔肌发力感会减弱,如果手臂离身体距离适中,背阔肌发力感会较为强烈

背阔肌的参与感就会明显得多。

(6)杠铃直上直下移动

许多人找不到背部的发力感,只感觉到手臂酸,肩膀酸,原因在于背阔肌的功能主要是伸展肩关节,因此在练习杠铃划船的时候,应该有意识地让杠铃斜向移动(从膝关节位置到髋关节位置),而不是直上直下移动。如果杠铃直上直下移动,手臂肱二头肌、肩部斜方肌会参与较多,而背阔肌刺激不足。

二、宽握杠铃划船

窄握杠铃划船动作通常可以用"反向划船""坐姿器械划船"等动作替代,但宽握杠铃划船却很难被其他训练动作所替代。宽握杠铃划船的训练价值常常被训练者低估,它可以帮助力量举训练者拮抗过于强壮的胸肌,帮助健美训练者发展上背部围度,帮助现代人避免翼状肩胛、圆肩等常见的体态问题,训练价值非常高。

1. 动作细节

宽握杠铃划船的站距、俯身角度、握法、动作最低点状态均与窄握杠铃划船相似，因此，此处不做过多的阐述。以下阐述宽握杠铃划船的4个细节。

（1）握距

"宽握"握距通常为1.5~2倍肩宽。在进行宽握杠铃划船的时候，建议采用卧推时的握距。

（2）动作最高点

宽握杠铃划船动作中，动作最高点应当在卧推时杠铃的落点位置。

一些训练者在刚开始练习这个动作的时候，无法让杠铃完全接触到胸部，这是正常的现象。事实上，只有关节活动度极佳的训练者，才可能在宽握杠铃划船动作中做到让杠铃触胸。

对于大多数训练者而言，我给出的建议是：不必追求杠铃触胸，将杠铃上拉到"身体开始紧张"的位置，就可以下放杠铃了。这里所说的"身体开始紧张"通常会有这样的表现：斜方肌上束即将开始发力，颈椎试图开始屈曲，胸椎试图开始屈曲。此时如果强制要求将杠铃上拉到胸口，只有可能让动作变形，无法严格地完成动作。

（3）动作轨迹

宽握杠铃划船动作中，杠铃的运动轨迹是小幅度倾斜于地面的垂直线，就像是杠铃卧推动作的运动轨迹的

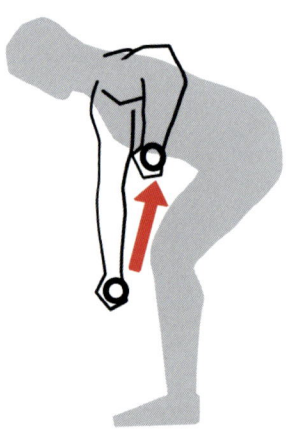

宽握杠铃划船轨迹

"颠倒版本"。

（4）动作感受

初学者在进行宽握杠铃划船的时候，建议在"上身尽量放松"的状态下完成动作，如果上身过于紧张，容易导致耸肩、低头等现象的出现。

2. 常见错误

（1）手臂离身体过近

在做宽握杠铃划船的时候，不宜像窄握杠铃划船那样，把杠铃握得太靠近身体，这容易让背阔肌参与较多，而中下斜方肌未能充分参与。

（2）宽握杠铃划船时，杠铃斜向移动太多

宽握杠铃划船时，其关节活动主要为"肩关节水平外展"与"肩胛骨内收"，因此应当让杠铃不要做太多斜向移动，保证中下斜方肌和三角肌后束的完全参与。如果杠铃的运动轨迹变成了"窄握杠铃划船"的移动轨迹，背阔肌就会代偿目标肌群，将"宽握划船"动作变成"窄握划船"。

低头 + 耸肩

第五节

杠铃推举

杠铃卧推是一个水平推类动作，它能够练到胸肌、肱三头肌以及更多肩膀前侧的肌肉。而杠铃推举是一个竖直推类动作，它可以很好地弥补杠铃卧推不能够训练到的肩膀后侧、外侧的肌群，训练者可以通过杠铃推举这个动作获得更加强壮的肩膀，避免因为长期卧推导致的肩部发展不平衡的问题。

同时，杠铃推举有着比卧推（在卧推不使用腿部驱动技术的情况下）更长的动力链，也更符合自然情况下人体的发力习惯。卧推是一个不使用双腿的动作，但日常生活中和体育运动中很少有完全抛弃双腿，背靠固定平面，只用上肢发力向外推物体的动作——当你面对歹徒时，你或许会背靠墙壁反抗他，但这种情况在日常生活中极度罕见。推举的发力更符合日常生活中的运动习惯，在推举动作中，训练者双腿必须参与维持稳定、传导力量，训练者必须在站立的情况下，完成一个"推"的动作。

一、杠铃推举的动作全过程

健身者练习推举的时候，通常有两种方式：

1. 通过"颈椎和胸椎的伸展"让渡空间给杠铃。
2. 通过"髋部滑动"让渡空间给杠铃。

在《力量训练基础》中，马克·瑞比托建议力量训练者采用第二种方式练习推举。

在本书中，我则推荐普通健身者使用第一种杠铃推举方式。原因在于大多数普通健身者不具有足够的胸椎灵活度和足够良好的脊柱稳定能力。第一种方法更容易学习，这也是绝大多数健身者会采用的杠铃推举方法。

第一种杠铃推举方式的具体步骤

步骤1：准备姿势。

步骤2：抬头，略微伸展胸椎，略微伸展颈椎，让渡出足够的空间给杠铃向上移动。

步骤3：当杠铃越过额头后，还原胸椎、还原头部姿势，眼睛用力向前看。

步骤4：将杠铃上举至在后脑勺的正上方，用力耸肩固定杠铃。

杠铃推举全过程

二、杠铃推举的动作细节

1. 器械设置

将杠铃放置在深蹲架上，杠铃设置的高度应该和深蹲相同。初学者学习这个动作时，建议使用空杠来练习动作。

2. 准备姿势

手持杠站立时，上身应当保持"挺胸""夹肘""从侧面看小臂垂直于地面"的身体状态，下身自然站立即可。

3. 小臂状态

从侧面来看，小臂应当垂直于地面，这个位置可以暂称为"小臂垂直位"，这需要肩关节略微施加"外旋"功能来实现。一些训练者会在杠铃推举时让小臂偏离了垂直地面的位置，此时肩关节需要承担额外的压力，动作也将变得更加困难。下面左图就是不合适的小臂状态。

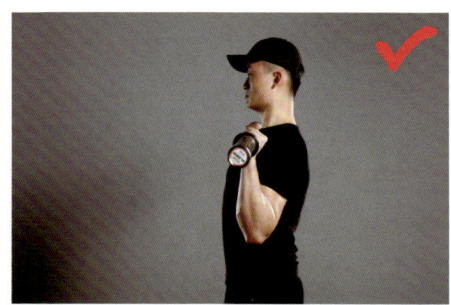

右图小臂状态合适；左图则不太合适，左图的问题在健身房中非常常见

4. 握距

杠铃推举的握距通常比肩膀略宽一个拇指的距离。你可以自己多次试举找到合适的握距。太窄或者太宽都容易让这个动作变得非常的"不舒适"。较宽的握距合适举重运动员，他们在挺举动作中会借由下肢蹬伸发力完成杠铃的上举，那是另一种动作技术；较窄的握距则容易让你的小臂脱离于中立姿势（从侧面看），也容易造成耸肩的现象。

较宽的握距　　　　　　　　　　　　　　较窄的握距

合适的握距（手与肩相距一个拇指的距离）

5. 夹肘

在准备姿势时，两侧肘关节向胸部中心靠拢，上肢施加"扭矩"有助于保持杠铃的稳定。此时的关节活动为"肩关节内收"+"肩关节外旋"，我们可以把这个技巧简单称之为"夹肘"。

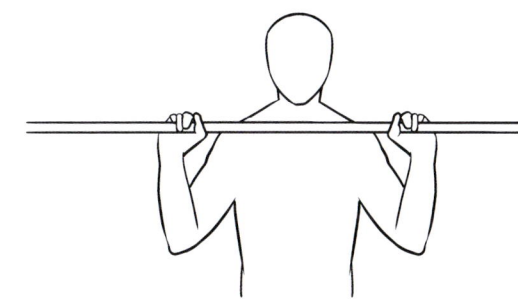

"夹肘"能够产生的价值有两点：首先，这个技巧能帮助你更好地收紧背阔肌，通过紧绷的背阔肌稳定你的胸椎和肩关节；其次，这个技巧能够让杠铃更加贴近你的锁骨，从而让杠铃的动作轨迹变得更加的合理。

一些初学者意识不到"夹肘"的重要性，容易导致在推举时将杠铃向前方送出，增加了水平方向的位移，让动作变得更加吃力。

6. 握距

当你确保了"小臂垂直地面"和"夹肘"两个细节的时候，你也就自然找到了适合你自己的握距。合适的握距通常还能以如下的方式确认：

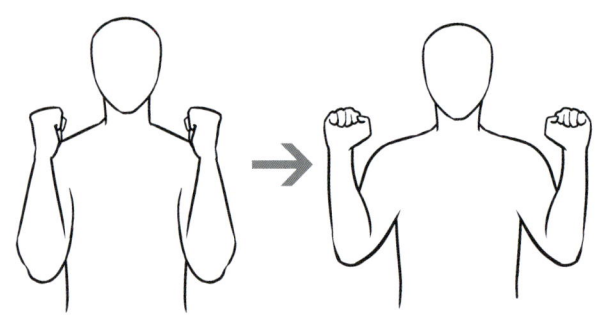

在做图中动作时,请始终保持"合拢肩胛""背部紧张"的姿势

7. 握法

杠铃推举建议采用全握的握法,握杠时略微伸展手腕,将杠铃压在大鱼际和小鱼际处,就好像佩戴护腕时的卧推中的握杠方法一样。这样做的好处是:在准备姿势时,杠铃能够更加贴近锁骨,在上举时,杠铃上升的轨迹会更加贴身,更加省力。如果采用手腕完全中立的方式持杠,杠铃就很难在准备姿势的时候贴近锁骨,杠铃上升的轨迹也会变得更长,动作也将更加费力。

杠铃推举时,采用第三种握法较为合适

8. 脊柱

腰椎段需要尽量保持中立位,不反弓腰部,不弯屈腰。

胸椎段可以在上举杠铃时有小幅度的伸展。

如果在推举时感觉腰部受力过大,建议佩戴力量举腰带。

佩戴腰带进行推举时,请采用瓦式呼吸。

9. 下肢状态

在起始状态时，绷紧你的臀大肌和股四头肌，尤其要绷紧臀大肌。

在结束状态时，绷紧你的臀大肌和股四头肌，尤其要绷紧股四头肌。

10. 杠铃的轨迹

杠铃轨迹是值得注意的重点内容。在本书介绍的杠铃推举方法中，杠铃的轨迹并非是直上直下的，而是具有一定的曲度，就像是卧推动作中的杠铃轨迹一样。

简单来说，在杠铃推举中，杠铃的轨迹是一条斜线或者是一条弧线。

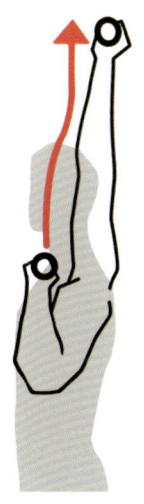

杠铃推举轨迹

三、杠铃推举常见的错误

1. 把杠铃向前推而不是向上推

把杠铃向前推而不是向上推是最常见的错误。产生这个错误的原因有：准备姿势时没有"夹肘"，动作开始时没有"抬头让渡空间给杠铃上升"，没有采用略微伸手腕的方式握杠，准备姿势时杠铃离锁骨太远等等。

把杠铃向前推而不是向上推

2. 过度反弓脊柱

过度反弓脊柱

3. 最高点时杠铃在身体重心后方

4. 没有"夹肘"/ 小臂从侧面看未能垂直于地面

没有"夹肘"是一个常见的错误。

小臂从从侧面看未能垂直于地面,是另一个初学者常犯的错误。

这两个错误往往会一同出现。

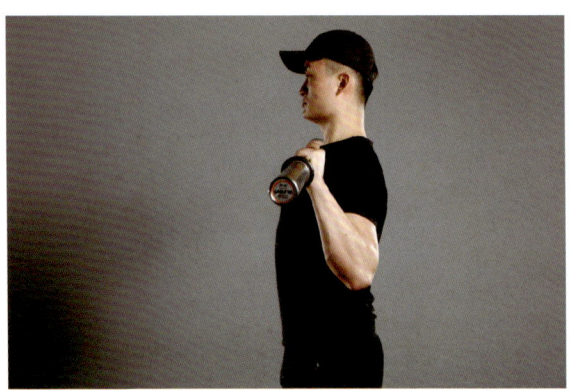

  在这两个错误的共同作用下,训练者会出现一个更常见的错误——"杠铃被往前上方推了"。

5. 伸膝借力

初学者在做较大重量的杠铃推举时会经常采用伸膝的方式借力，他们通常会在无法推动杠铃的时候，通过"先屈膝，再迅速伸膝"的方式突破推举动作的黏滞点。但是在杠铃推举中，这样的借力方式往往会导致腰椎超伸从而受伤。

如果一定要采用屈伸膝的方式借力，不妨参照一下举重运动员们会采用的"借力推举"的方式：在一开始的时候就部分屈膝，在启动时伸膝伸髋，同时向上推举杠铃。由于用到了下肢的力量，这样的借力推举方式能够推起比正常的杠铃推举重得多的重量。

第六节

传统硬拉

截至上一节，本书已经详细剖析了 4 个基础的徒手训练动作和 5 个经典的力量训练动作。这 9 个动作几乎是所有的力量训练者都会尝试进行的动作，同时这 9 个动作也是训练效率最高、较难被替代的基础动作。但我还是想来讲讲"传统硬拉"这个动作。

从学习的角度来说，我更建议训练者们在训练初期优先考虑罗马尼亚硬拉的训练，而非传统硬拉的训练，原因在于：

1. 传统硬拉有更多的发力技巧，更难学习。

2. 传统硬拉对活动度的要求更高，一些训练者活动度不够，就会在动作一开始就弯腰，或是在动作中程弯腰，这样训练很容易受伤。

3. 如果你不是力量举训练者，你可以用"罗马尼亚硬拉"和"六角杠铃硬拉"来代替传统硬拉的训练。

但我还希望再来讲讲传统硬拉这个动作。原因有三个：

1. 传统硬拉的练习者不少。由于它是力量举比赛中规定的动作，所以很多力量举爱好者和想要增强极限力量的训练者都会训练这个动作。

2. 传统硬拉是一个很特殊的训练动作。大多数的基础力量训练动作，都是先做一个离心收缩，再做一个向心收缩。比如：卧推，是先把杠铃放下，然后再推起；比如深蹲，是先蹲下，再站起来；就算是罗马尼亚硬拉动作，也是先屈髋俯身，再伸髋站起。而传统硬拉则是一个可以直接做向心收缩的动作。而且在硬拉的训练中，我们有时候可以不做离心收缩。这个动作相比罗马尼亚硬拉需要更多的发力技巧，相比深蹲有着更长的动力链，许多成年人在经过半年以上的规律训练之后，都能够用 1.5~2 倍体重的重量进行传统硬拉的训练。如果你不练习传统硬拉，那你就少了基础力量训练的一大乐趣。

3. 尽管传统硬拉是一个非常有趣的动作，但是很少有"自学健身者"能够完全做对这个动作。

你不是必须练习传统硬拉，但如果你想要学习传统硬拉，以下的内容会很合适你。

一、学习传统硬拉的前戏

和罗马尼亚硬拉一样，在学习传统硬拉前，我们也需要掌握两项最基础的能力，一个是感知髋关节屈伸的能力，另一个是保持脊柱中立位的能力。这两个能力可以通过学习"髋关节铰链"（本书第23页）和"罗马尼亚硬拉"（本书第102页）这两个动作来获取。

二、传统硬拉的全过程

传统硬拉的每一次结束，都需要将杠铃放置在地面上，再重新拉起来。练习传统硬拉建议使用举重片或专业力量举钢片。

传统硬拉这个动作，其实不是在握杠铃的那一下才开始准备，在我们站立时，还没有开始握杠铃的时候就已经开始准备了。

传统硬拉可以分为五个阶段：站立姿势、握杠、预拉、拉起过程、锁定阶段。

站立

握杠

预拉

发力拉起过程　　　　　　　　　　锁定

三、站立姿势

1. 站距

站距与罗马尼亚硬拉类似。站距大约 2~3 拳宽，比肩要窄一些。站距更宽，握距也就更宽，握距更宽在硬拉时也就需要蹲更低才能够握住杠铃，这使得硬拉动作的路程变长，也就更难拉起杠铃。而站距过窄容易导致重心不稳，所以站距 2~3 拳宽度较为合适。

2. 杠铃离脚的距离

杠铃需要在脚的正中心的上方，用手去量的话，杠铃离小腿胫骨是 3~4 根手指的距离。

 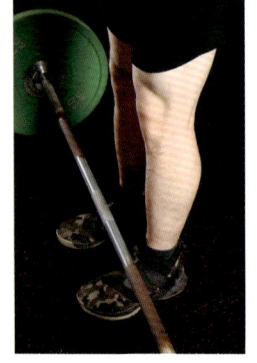 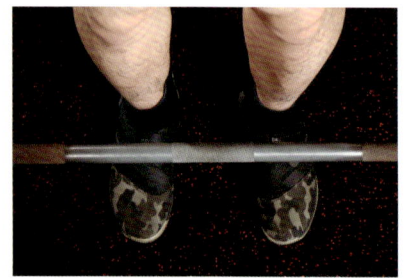

3. 脚尖朝向

脚尖可以朝前，也可以略微外八，不同的训练者对姿势有不同的理解，你需要找到适合自己的脚尖朝向。

四、握杠

确定好站立姿势后，握住杠铃，握距应当比大腿宽一些，让手臂离大腿一根拇指长度最佳。握杠时允许弯腰，但请注意，这并不是最终拉起杠铃时的状态。在握杠后，我们需要调整腰部到中立状态。

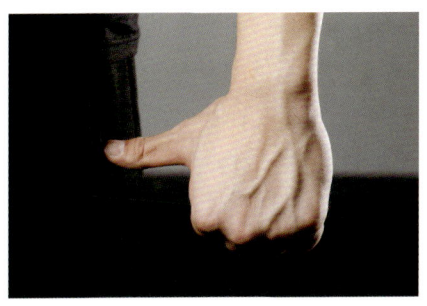

我们在握杠时，刚好让膝盖与肘部相互接触。让膝盖略微向外推开。以下三种准备姿势推荐最后一种。

膝盖与脚尖朝向一致

膝盖内扣，对膝盖有压力

膝盖略微向外，与手臂相触碰，提高身体稳定能力

五、预拉

在这个阶段,你需要做的是握住杠后,拉紧你的身体,同时把杠铃的重量"加载"到自己的身体上。

1. 预拉的作用

一些训练者在握住杠铃之后,就会直接站起来。但这样着急地站起来会导致一些不好的情况:由于躯干未绷紧导致弯腰。

我们需要在握杠后、拉起杠铃前的这段时间内,锁定我们的肘关节、肩关节、肩胛骨和整个核心,让我们的上肢、躯干和下肢形成一个整体。同时在这个阶段把杠铃的重量"加载"一部分到我们的身体上。从而保证我们的下肢一旦发力,力量马上就可以通过躯干传导至手臂上。

不妨做一个简单的比喻:我们的身体就像一根橡皮筋,当没有绷紧时,手一发力,杠铃没有移动,而仅仅是橡皮筋本身有变化——变紧了。等橡皮筋变紧之后,手再发力,杠铃才跟随着活动。

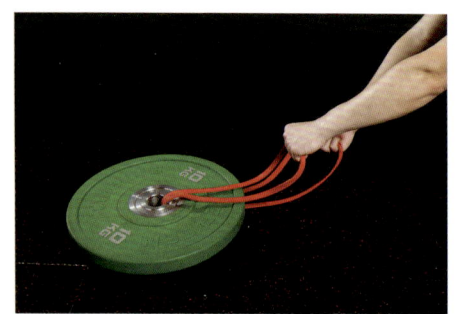
松的橡皮筋,手一拉,杠铃片无法拉动,我们仅仅是将橡皮筋拉紧而已

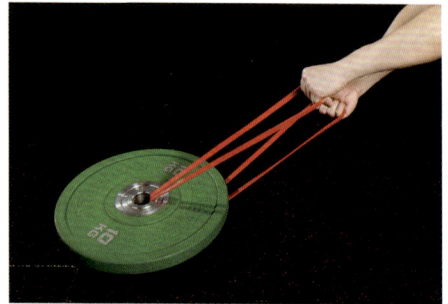
紧的橡皮筋,手一拉,杠铃片就移动了。原因在于:当我们拉紧橡皮筋的时候,我们已经加载了一部分杠铃片的重量以及橡皮筋的张力到手上了,此时手一动,杠铃片就会移动

如果我们在硬拉前,没有先拉这么一下,会出现什么结果?往往会出现弯腰的情况。如果把身体比作橡皮筋,我们的身体趋向于通过弯腰来把自己拉紧。这时候就容易受伤。

所以,为了避免浪费力气,也避免出现弯腰的情况,我们需要做好预拉。

预拉包含两个方面含义:一是拉紧身体,二是拉紧杠铃。

2. 如何拉紧身体

拉紧身体有三个需要注意的细节：拉紧手，踩地面绷紧腿，挺直背。做到这三个细节后，就能够完成从足底到骨盆、到脊柱、到手臂的绷紧状态。此时我们慢慢发力就能够把杠铃的重量不断地"加载"到自己的身体上。

第一个细节是**"拉紧手"**，简单来说，就是用手握住杠铃后用力向上拉。此时手臂会非常结实、紧张。如果握住杠铃后，不发力向上提拉杠铃，手臂就会是松软的状态。

在"拉紧手"的时候，还可以加入一个这样的小技巧：让手臂在握杠时朝背部方向移动，并且向外旋转，想着把杠铃掰弯，这样可以让背阔肌在接下来的动作过程中收得更紧一些。

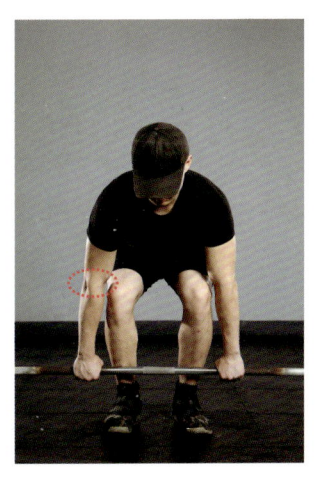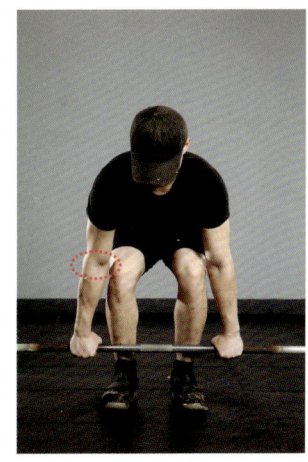

左图肘关节略微向内，这是正常握杠状态。右图肘关节略微向外，这是施加了一定扭矩的状态，通过这样向外旋转的力，会使上肢产生扭矩，形成张力，让我们的上肢更加稳定。而且当我们的手臂握住杠铃向外旋转时，上臂会处于一个更加靠近躯干的状态，背阔肌的紧张程度也会随之提高。

第二个细节是**"踩地面绷紧腿"**。训练者需要用力地踩地面，绷紧腘绳肌。如果腘绳肌不够紧张，那么可以考虑略微伸直膝关节，让腘绳肌紧张。如果仅仅是站着，让腘绳肌处于放松状态，那么身体后侧就不够紧张，在动作启动时，腘绳肌也无法完全发力。

第三个细节是**"挺直背"**。训练者需要绷紧背部，让自己的肚脐眼和髋关节不断地去贴近杠铃。自己的肚脐眼和髋关节离杠铃越近，身体的张力也就越大，也就越容易把杠铃的重量加载到自己的身体上。

在这个"拉紧杠铃"的动作过程中，你身体的表现是，下背部从原来放松的状态变成了紧张的状态，腰椎、胸椎从原来不完全在中立位的状态下回归了中立位；你的手臂从原本放松的状态变成了紧张的状态，你的上背部也由于"手臂的向上提拉"而进入了紧张状态；你的腘绳肌也变得紧张，从而在动作启动时能够更容易伸髋；同时由于身体的调整，你的臀部姿势会比刚刚开始握杠的时候略微降低。

很多人在握杠之后，看上去符合动作规范，但是他们的身体却不够紧张，过于松软，发力时还是很容易弯腰。如果你能够同时做到以上三个细节，才是真正做到位了，你才对"拉紧身体"的技巧掌握得八九不离十了。

3. "拉紧杠铃"和"加载重量"

在许多训练者的理解里，杠铃并没有"松"和"紧"的概念。但假如你尝试过150公斤以上的训练配重，你就会知道，杠铃作为一个刚性物质，也是会弯曲的。在负荷了150公斤的重量之后，普通的奥林匹克竞技杠铃会出现肉眼可见的弯曲，这会使得杠铃在拉起前出现零点几毫米的形变，如果你并未完成"拉紧杠铃"这个动作，而是直接开始硬拉，那么在动作启动的过程中，你仅仅是用力把杠铃拉弯了而已，却没有把杠铃拉离地面，你浪费了动作启动时的力量。**所以"尝试把杠铃拉弯"是"拉紧杠铃"的一部分。你在"拉弯杠铃"的同时，你的身体也不断地"加载"杠铃的重量，你身体内在的张力也会越来越高。**这时候蹬地发力，动作才顺畅。

同时，杠铃和杠铃片之间也有大概1毫米的空隙，你在做硬拉的时候，不妨去听一听声音。杠铃在拉起时会和杠铃片之间有清脆的撞击声，这个撞击声就说明杠铃和杠铃片之间存有空隙。**你必须在消除了杠铃和杠铃片之间的空隙也就是听到它们之间的撞击声之后，再开始"尝试把杠铃拉弯"**。如果你没有消除杠铃和杠铃片之间的空隙就开始发力，就会有一小段（1~2毫米）的力量没有作用在应该作用的地方，浪费了动作启动时的力量。当我们完成了"拉紧身体"的动作时，会很自然地听到一声杠铃和杠铃片的撞击声。所以"消除杠铃和杠铃片之间的空隙"也是"拉紧杠铃"的一部分。

如果你能够在硬拉动作启动时，拉紧杠铃，你的身体和杠铃才会形成一个整体，你才能够做到"一发力，杠铃就能离地"。

那么怎么做呢？做法很简单。

在握杠之后，不着急把杠铃拉动，而是要先拉住杠铃，通过拉紧杠铃来拉紧自己的身体（如何拉紧身体在上面部分已经讲述过了）。脑袋里不妨想象地上是一个很沉的杠铃，你需要做的是尽可能地把这个很沉的杠铃拉弯，而不是把它拉离地面。你需要做的是尽可能地把杠铃的重量"加载"到自己的身体上，而不是把杠铃拉离地——当你把杠铃的所有重量都"加载"到自己的身体上的时候，杠铃也几乎要离地。此时你再用脚踩地发力，杠铃就离地了。

这个过程中，你需要挺胸，以防止胸椎弯曲。

4. 把呼吸加入你的预拉之中

传统硬拉／相扑硬拉的呼吸都非常特殊，往往需要大量练习才能掌握。

在练习硬拉时，我建议在"拉紧身体"这个动作开始的同时吸气，在"拉紧身体"这个动作结束的同时憋住气。

简单来说，当我们握住杠铃后，吸气、拉紧手、绷紧背部、让手臂向后移动并向外旋转这四个步骤都是同时开始、同时结束的。

拉紧手、绷紧背部、让手臂向后移动并向外旋转这三个步骤结束的同时，吸气也立马结束。或者反言之，吸气结束的同时，拉紧手、绷紧背部、让手臂向后移动并向外旋转这三个步骤也应当立马结束。

呼吸的时候采用腹式呼吸进气，瓦式呼吸"憋住气"的方式进行。可以查看本书第一章第五节获取呼吸的信息。

如果你拉的杠铃不算特别重，只有你极限重量的 60% 以下，那么你在"拉紧身体"的时候，杠铃就足以离地了（请注意：这个离地过程是不自觉产生的）。

忠告：如果你从来没有练过硬拉，那么这个部分即使你能看懂，对你也毫无帮助，因为你需要通过练习，才能真正掌握这个技术。训练的技术，知道不算真的懂，必须练到自己身上才算懂。

我认为这是硬拉中最不好掌握的一个动作技术，只要能够掌握这个动作技术，就算硬拉入门了。

六、拉起过程

1. 保证杠铃贴着小腿上拉

若杠铃在拉起时，未贴小腿，会出现杠铃绕着身体走的情况，使杠铃在拉起过程中离身体更远，使得身体更难发力，腰部也承担更大的作用力，导致弯腰。

在硬拉时杠铃贴小腿会有些疼痛，但为了你腰椎的安全，你必须克服这种皮肤的疼痛感。

在硬拉时杠铃贴小腿偶尔会在上拉过程中撞到膝盖，这也是正常的，说明你的硬拉做对了。

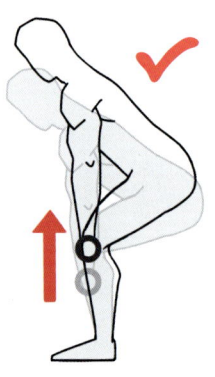 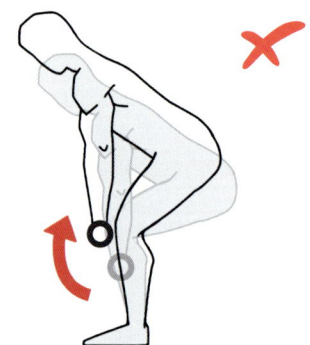

杠铃贴着小腿上拉　　　　杠铃未贴小腿，绕着膝盖走

2. 拉过膝盖后加速上拉

我一般会把硬拉在拉起过程中分为两个过程：过膝前和过膝后。

在过膝前硬拉速度不用太快，但过膝后我们需要加速上拉。速度越快越好。

3. 很多人知道这个小技巧：用髋部用力去顶杠铃，但注意不要顶过度了，我们自然站立就行。

错误示范：过度伸髋

4. 在大腿段不能将杠铃蹭腿拉起

5. 脚踩在地面上，微微向外"拧"

6. 注意不要内扣膝盖，用力将膝盖向外展开

7. 注意保持脊柱中立位，不要弯腰硬拉。如果硬拉时总是弯腰，建议多看几遍本书第一章第六节关于脊柱中立位的内容。

七、锁定过程

锁定时，应该让肩胛骨在髋关节的后方，伸膝伸髋正常站立即可。

八、传统硬拉的常见错误

传统硬拉动作中许多的常见错误在"罗马尼亚硬拉"一节中已有涉及,比如"膝盖内扣""硬拉时候看镜子""锁定不足""过度伸髋"等等。下面将阐述传统硬拉动作中常见的错误。

1. 先伸展膝关节,再伸展髋关节

先伸膝再伸髋是一个比较严重的错误,当我们先伸展膝关节后,身体会处于前倾的状态,如果我们硬拉时负荷较大,这种发力方式就非常容易导致弯腰。

错误示范:先伸膝再伸髋的表现在于硬拉时先抬高了臀部,再拉杠铃,这样很像在完成一个罗马尼亚硬拉,但是下背部的压力会明显增加。

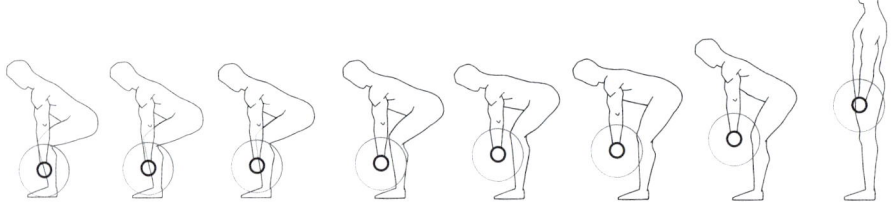

错误示范:先伸膝再伸髋

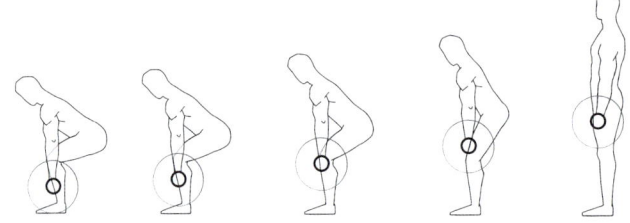

正确示范:髋膝同伸

观察下图,我们明显能够感觉到左侧的训练者下背部压力会比右侧训练者的下背部压力大。

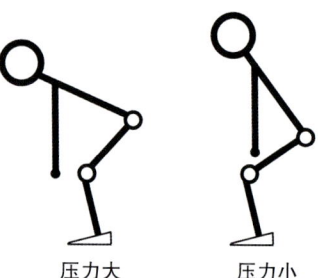

压力大　　压力小

2. 杠铃没有贴小腿拉起

杠铃没有贴小腿的问题经常和"先伸展膝关节，再伸展髋关节"的错误动作模式一起出现，在这种情况下，非常容易导致弯腰。

在进行传统硬拉的时候，一定要让杠铃贴住小腿站起来（这个过程杠铃很可能会将小腿刮瘀青，甚至偶尔摩擦到膝盖，这是正常的。我们用小腿皮肤上的痛苦，换来了腰椎段的安全），锁定身体。

3. 在杠铃过膝后，将杠铃蹭腿拉起

前文已述，蹭腿拉，在比赛的时候是犯规的。

4. 锁定不足

锁定不足是许多训练者在冲击极限时产生的错误。许多训练者由于力量不够，动作技术掌握不够娴熟，在杠铃过膝后会习惯性地将杠铃"挂"在大腿上，使劲往上拽，拽到最高点但还没有完全伸膝伸髋锁定，就以为自己完成了动作。

5. 放杠铃后靠反弹的力拉第二次。

6. 在大重量的情况下，没有采用"预拉"的技巧将杠铃拉起。

九、柔韧性较差的训练者怎么办

本篇文章所写的硬拉学习方法,适合身体感知能力、柔韧性较好的训练者,适合已经有硬拉经验的训练者。

身体感知能力、柔韧性较差的训练者,从未练习过传统硬拉的训练者,建议先提高身体活动度,并用罗马尼亚硬拉代替传统硬拉进行训练。

第四章

热身与损伤预防

第一节
预防损伤,从热身开始

一、为什么要做热身

热身一直是大部分健身爱好者的盲区。热身是一个系统、科学的过程,它最终的目的是为了让训练变得更加高效、安全。

关于热身,我听到最多的问题就是:训练前慢跑五分钟,算是热身了吗?爬10层楼梯可以当作训练前的热身吗?

我的回答是:这些都不能算是严格意义上的热身。慢跑五分钟和爬楼梯都不能防止受伤,它们仅仅能够让我们的心率和体温提高,但却无法激活负责稳定关节的肌肉群,也没有改善我们的关节活动范围,它们可以作为热身的一部分,但仅仅是慢跑五分钟,或者爬个楼梯当作热身是远远不够的。

我发现国内很多水平不错的训练者,在热身这件事情上往往也是漫不经心的,这让我感到非常意外。

在我看来,热身满足4个方面的要求才算是做到位了。

(1)**提高心率**。提高心率的意义在于提高血液循环速度,提高单位时间内的摄氧能力。

(2)**提高体温**。提高体温的意义在于防止训练时肌肉痉挛、呼吸岔气等现象的出现。

(3)**提高关节活动能力,解决关节活动限制**。提高关节活动度的意义在于:避免因关节活动度不足,而导致动作变形、代偿的现象出现。通俗地说,就是为我们的关节涂上一层润滑油,保证动作规范,不受伤。以深蹲动作为例,在训练中,如果要达到幅度较大的深蹲，需要下肢的膝关节、髋关节、踝关节的活动度都足够灵活和稳定，才能够确保我们完成"全幅度"的深蹲，提高训练效果。如果深蹲的时候，髋关节或者踝关节活动受限，就难以做到幅度较大的深蹲，此时想要蹲得更低，就必然出现弯腰或者抬脚后跟的现象，这就容易导致受伤。

（4）激活肌肉。激活肌肉指的不仅仅是激活目标发力的肌肉，还在于激活负责稳定的肌肉群。以我自身为例，早期训练的时候不注重热身，左侧肩关节旋外肌群在热身时没有被激活，在卧推的时候就经常没有主动参与维持稳定，导致左侧斜方肌出现轻微代偿，日积月累最终导致肩部受伤。再比如有一部分训练者在进行深蹲的时候，髋外展和水平外展的能力受限，很多时候是因为内收肌群没有拉伸、臀中肌没有被激活所导致的。

我在现实中遇到受了伤来咨询的客户，几乎百分百都是热身没有做到位。热身到位了，受伤的风险会小很多。

工欲善其事，必先利其器。磨刀，绝对不误砍柴工。合理的热身会让你最大限度地避免受伤，事半功倍！

如果你明明可以不受伤，却非要让自己受伤，这又是为什么呢？如果你明明可以使用更高的强度训练，却因为身体活动限制而不得不使用更低的配重，这又何苦呢？

因此，热身和训练一样重要，甚至我们可以说，热身比训练更重要！

一次规范的热身可以帮助训练者避免许多伤病隐患！

二、优秀的热身可以帮助你解决什么问题

在本书中，我希望教会大家如何定制适合自己的热身训练，而不仅仅是照搬他人的热身方法。

1. "龄动 S"上肢热身可以帮助你解决的问题

"龄动 S"上肢热身设计思路围绕着"肩关节的活动度改善""身体前侧肌群动态拉伸""肩部稳定肌群激活"三点进行，与商业健身房教练说的"你去慢跑五分钟热个身吧""你拉伸一下胸大肌然后开始卧推吧"有本质上的区别。个人认为随意的热身是一种对身体不负责任的行为。

"龄动 S"上肢热身其实对肩峰撞击，训练时肩部弹响，肩袖肌群损伤，翼状肩胛等问题的改善都有一定帮助，虽然热身的量不大，但是日积月累潜移默化，很多问题都会慢慢好转。

比如"龄动S"中的T字和W字热身动作就能够强化三角肌后束、菱形肌、中下斜方肌，除了热身的时候做，也可以加入训练中，甚至日常生活中也可以做，用来改善圆肩、翼状肩胛等体态问题。

再比如L字、"没有钱"、侧平举这些动作从功能性角度来说，能够拮抗过度发达的胸大肌和背阔肌，并激活肩旋外、肩外展肌群，从美观的角度来说，可以一定程度改善圆肩，驼背等体态。

再比如弹力带上举，也可以认为是对肩部旋外、外展能力的测试。有朋友在做了这个动作之后，发现自己的外展能力受到了限制，就用侧平举来强化外展能力。

2. "龄动X"下肢热身可以帮助你解决的问题

"龄动X"下肢热身围绕着"髋关节的灵活性"和"下肢整体的稳定性"进行，非常适合力量训练者和跑步爱好者。

比如"龄动X"中的动作8，就可以有效降低训练中膝盖内侧疼痛的可能性。动作4和动作5通过对臀中肌的激活从而减小髂胫束和股四头肌外侧头的压力，就可以有效降低训练中膝盖外侧疼痛的可能性。动作6则通过拉伸髂腰肌减少我们在深蹲和硬拉过程中髋关节受限的可能性，还有一些其他的好处，不再多说，试了便知。

希望大家能够好好对待本章内容，认认真真地开始热身。很多朋友在网上问，深蹲时膝盖内侧疼痛或者膝盖外侧疼痛怎么办？深蹲时髋关节不舒服怎么办？卧推时关节有弹响怎么办？其实在热身中就有可能解决这些问题。

3. 已经使用这两套热身体系的部分网友给出的反馈：

@蒙大拿号战列舰：上肢热身那套动作简直太棒了，柏龄老师，我卧推卡在90公斤已经两三周了，一直是状态不好握不上去，今天本来以为也不行，结果练了练热身动作，感觉有如神助啊，一下子就推上去了，这套热身真的好，太棒了，今晚第一次用完我就给同学们"安利"了，真的！

@谭福东：上次学习了上肢热身动作，一直照做，训练效果很好，不认真训练感觉都对不起这么认真的热身。现在陈兄又应大家要求出了下肢热身训练计划，真是解决了下肢力量训练之痛！

@Omen：太棒了！我喜欢踢足球，之前一直没有系统的热身概念，有时因为时间仓促热身不到位，场上感觉状态来得慢，下场后有小酸小痛。现在终于有了指导方法，感觉看到了光明。

@沈静敏：认真做热身，从只能半蹲，到可以全蹲。先解决了屈髋不足的问题，现在要解决膝盖弹响的问题。相信只要正确对待，科学练习，解决问题之后肯定能有飞跃式的进步。这套下肢热身，已经用了三个月，认真做到位，效果杠杠的。

三、"龄动S"上肢热身动作的要点

以下为我会在上肢训练前采取的热身动作。

1. 肩关节环绕

（1）目的：本动作的目的在于促进关节囊分泌润滑液，减少肩部弹响的可能性。

（2）要点：下沉肩部，微微屈肘，保持手臂持续紧张，五指用力张开，伸手腕，环绕肩部。注意避免耸肩情况。

（3）次数：向前环绕10次，向后环绕10次。

2. 小臂拉伸

（1）要点：下沉肩部，切勿耸肩。

（2）次数：左右各2次，每次20秒。

 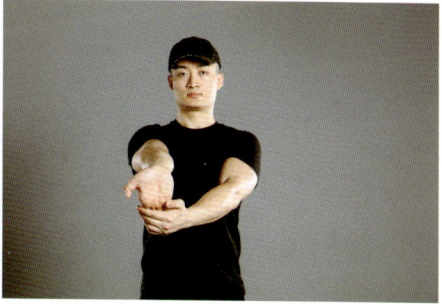

小臂拉伸

3. Y字

（1）目的：Y字和接下来T字、W字、L字的意义都在于激活肩袖肌群，帮助维持肩部稳定。推荐经常练习胸大肌、背阔肌的训练者在训练前加入"YTWL"动作强化肩部稳定能力。这四个动作以字母命名，因为热身者的上肢姿态就好像Y、T、W和L的这4个英文字母一样。

（2）要点：下沉肩部，切勿耸肩。

（3）次数：2组，每组10次。

4. T字

（1）要点：下沉肩部，切勿耸肩。

（2）次数：2组，每组10次。

非常多的健身者在练习这个动作的时候没有沉肩,导致斜方肌错误地参与了发力,就像下面这张图一样:

我们需要学会的是:沉肩,放松你的肩部,不要只顾着完成动作,还要把注意力放在动作中应该去激活的肌肉上(三角肌后束、菱形肌、斜方肌中下束)!请学会放松你的斜方肌。

5. W字

(1)要点:下沉肩部,切勿耸肩。
(2)次数:2组,每组10次。

6. L字

（1）要点：这个动作在热身时可以不必负重，卧推训练重量在60公斤以上的训练者，可以考虑负重2.5公斤来进行这个动作。

（2）次数：2组，每组10次。

7. 没有钱

（1）目的：同Y字

（2）要点："没有钱"这个动作需要让手肘始终紧贴身体两侧，手掌的起始位置在肚脐眼上方，注意不要让手掌位移太长距离。再强调一次：手肘一定要始终紧贴身体两侧！

（3）次数：2组，每组10次。

8. 弹力带上举

（1）这个动作做的时候务必要慢。上举10次即可。

（2）这个动作是我做过的最高效、能够最快激活大部分肩部稳定肌群的动作。亲身体验过才知道这个动作多么有趣。做动作时，请注意掌心相对，肩部用力将弹力带向外撑开，并且保持撑开的状态向上举起。肩外旋肌群受限的朋友做这个动作的时候，会出现上举时关节弹响、小臂不自觉进行旋转等现象。如果出现了关节弹响、小臂旋转等现象，请尽量慢地完成这个动作，并在出现不良现象的时候尽可能保持掌心相对、撑开的状态。

9. 侧平举

（1）目的：激活肩袖肌群、三角肌中束。推荐经常练习卧推的训练者在训练前加入此动作。

（2）要点：这个动作在热身时可以不必负重，卧推训练重量在 60 公斤以上的训练者，可以考虑负重 2.5 公斤来进行这个动作。进行动作的时候请注意手肘不要高于肩部，微微屈肘，请勿把手肘完全伸直。

（3）次数：2 组，每组 10 次。

10. 俯身飞鸟

（1）目的：激活三角肌后束、菱形肌、斜方肌中下束。推荐经常练习卧推的训练者在训练前加入此动作。

（2）次数：2组，每组10次。

11. 胸部伸展

（1）目的：目的是为了伸展胸部、前臂。

（2）次数：4次。

上肢的热身体系做完后整个肩部会有强烈的酸胀感，并且会微微发热。整套上肢热身体系可以在10分钟内完成，如果熟练掌握，7分钟以内即可做完全部热身。

四、"龄动 X"下肢热身动作的要点

以下为我在下肢训练前采取的热身动作,每一个动作都有其内在的意义,大家可以直接跟着做。

1. 屈髋行走

(1)目的:动态拉伸腘绳肌,将训练者从静止状态过渡到移动状态。这个热身动作还可以减少深蹲时因为屈髋功能受限导致的弯腰问题出现。

(2)要点:走路时尽量伸直膝盖,但不要锁死,保持膝盖微屈。尽量找到大腿后侧的拉伸感。

(3)次数:左右各 10 次。

(4)合理的感觉:前脚大腿后侧应有明显的拉伸感。

2. "世界第一伟大拉伸"

（1）目的：拉伸内收肌、髂腰肌、腘绳肌，激活股四头肌。这个动作常见于竞技体育中，跑步爱好者也经常会用这个动作进行拉伸。

（2）要点：看上去很复杂，但是我们可以把动作分解为三步。

第一步，如同做弓箭步一样，左脚迈出一大步，两脚脚尖注意朝前，向下拉伸后腿髂腰肌；右手撑地，前侧大腿向外打开一些，拉伸前腿内收肌，把身体重心放在右手和左脚。

第二步，旋转身体。

第三步，后脚向前一小步，屈髋，伸直膝盖，身体前倾，拉伸两条腿的腘绳肌。

（3）次数：左右各 2 次。

（4）合理的感觉：大腿内侧、腹股沟、大腿后侧会有明显的拉伸感。

3. "世界第二伟大拉伸"

（1）目的：提高身体稳定能力，拉伸身体后侧肌肉。

（2）要点：不要弯曲膝盖太多！尽量只移动你的脚踝，不要让你的膝盖参与进来。做这个动作的时候还需要注意腹部不能向下坠，我们需要把肋骨和腹部都向内收，用力收缩腹横肌。

（3）次数：4 次。

（4）合理的感觉：大腿后侧会有明显的拉伸感。

4. 弹力带侧向移动

（1）目的：激活臀中肌，提高下肢稳定能力。

（2）要点：小腿始终垂直于地面，膝盖勿内扣，脚尖朝前行走。

（3）次数：2 组，每组左右各行走 20 步。

（4）合理的感觉：臀部侧面会有酸痛感。

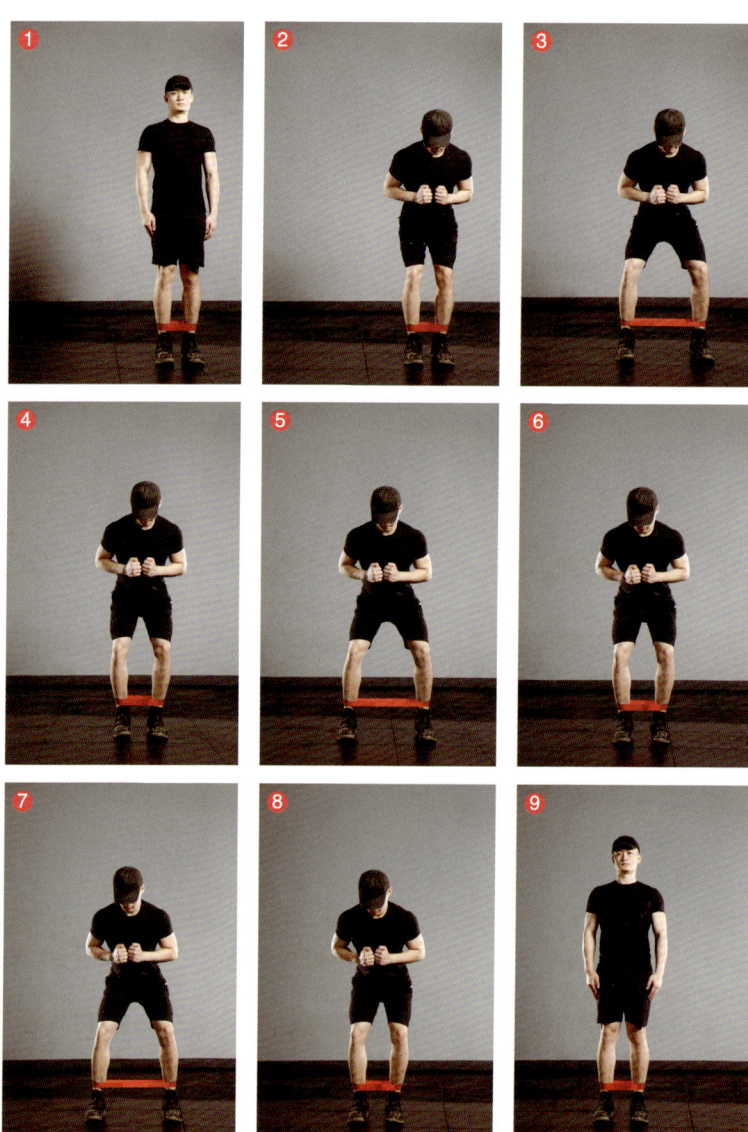

5. 侧抬腿

（1）目的：激活臀中肌，提高下肢稳定性。

（2）要点：保持上身不动，腿向侧后方15度方向略微抬起20厘米即可。如果上半身向一侧倾斜，臀中肌的发力感就会减弱。在进行该动作热身时最好手扶固定物，保持身体平衡。

（3）次数：2组，每组左右腿各抬20次。

（4）合理的感觉：臀部侧面会有酸痛感，腰部不应当有酸痛感。

正确动作

两种常见的不规范示范

（腿抬太高了，身体有了倾斜）

6. 屈髋跪地

（1）目的：拉伸腹股沟处的髂腰肌。

（2）要点：进行动作时，后腿触地的膝盖仅用于保持平衡，不能把身体重量放在膝盖上。拉伸时，进行骨盆后倾的动作，或身体略微后仰，拉伸感会更加强烈。切忌盲目追求动作幅度，这样容易骨盆前倾，反而拉伸不到目标肌肉。

（3）次数：左右各 2 次，每次 15 秒。

（4）合理的感觉：腹股沟处有明显的拉伸感。

7. 直腿体前屈

（1）目的：拉伸腘绳肌。

（2）要点：动态拉伸时微微屈膝，减少屈膝的幅度。做动作时，应当主动把臀部往后推、屈髋进行拉伸，而不是弯腰进行拉伸。

（3）次数：4 次。

（4）合理的感觉：身体后侧有明显的拉伸感，腰部不应当有强烈的拉伸感。

8. 侧蹲

（1）目的：拉伸内收肌。

（2）要点：动态拉伸时身体前倾，臀部向一侧后方移动。请勿主动屈膝进行拉伸，而是要记住"身体前倾，臀部向一侧后方移动"。

（3）次数：20 次。

（4）合理的感觉：大腿内侧应当有明显的拉伸感。

9. 坐姿拉伸

（1）目的：拉伸梨状肌。

（2）要点：挺直背部，身体前倾。

（3）次数：左右各 2 次，每次 15 秒。

（4）合理的感觉：臀部有明显的牵拉感。

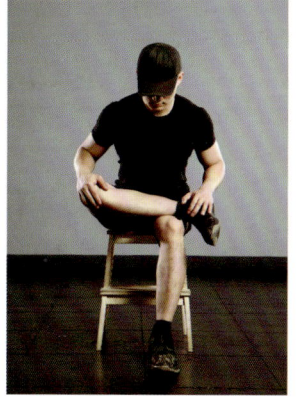

10. 蛙式

（1）目的：提高髋关节的灵活度。有朋友在网上留言说相扑硬拉的时候膝盖内侧不舒服，这个动作就可以对该问题进行改善。

（2）要点：将膝盖向两侧打开，想着用肚脐去贴近地面，然后还原。想象自己是在做一个深蹲的动作。

（3）次数：20次。

（4）合理的感觉：髋关节处可能会有些疼痛，为正常现象。若有极为强烈的疼痛则应当停止此动作，减小活动幅度。

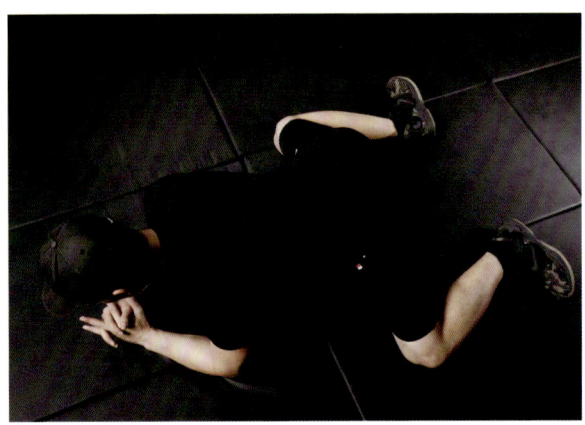

所有的热身动作讲解，到这里就结束了，但如果你的肌肉非常紧张，可以在非训练日进行额外放松，或者在热身前先进行放松。以下三个动作对于缓解因为肌肉紧张而导致的膝盖疼痛也会有很大的帮助。

（1）放松髂胫束。

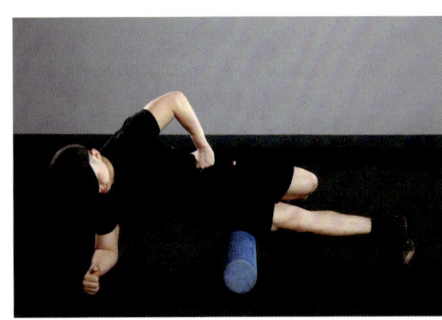 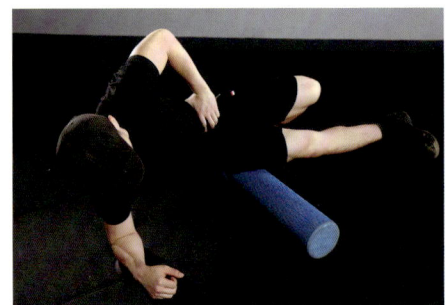

（2）放松大腿内侧。

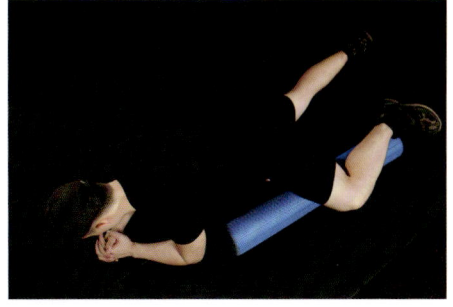

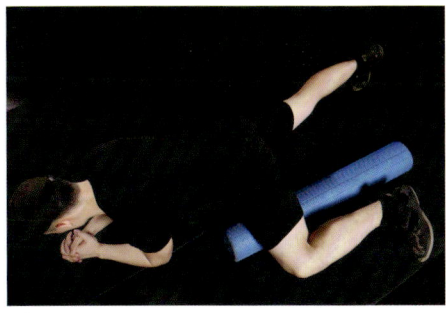 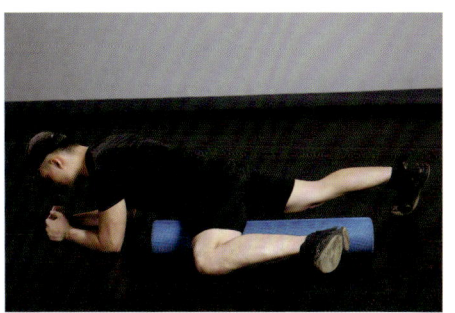

（3）放松大腿前侧。

第二节 损伤预防的个人经验

在力量训练中，90%以上的运动损伤和疼痛问题出现在腰部、肩部和膝部。

我接触过很多的力量训练狂热爱好者，出问题的部位总是相似的，出问题的原因也总是相似的。

面对运动疼痛问题，普通健身者往往无法得到有效的解决方案。一方面，专业康复师相对较少，大多数医生对于运动康复不甚了解，只能做到头痛医头、脚痛医脚，因此能够给出的建议就是"休息一下，不要运动了"。另一方面，很多人在受伤后，会在受伤部位去寻找原因，希望通过按摩或者是吃止痛药的方式解决疼痛和损伤问题。这往往是治标不治本，遇到运动损伤只能放弃训练，一旦重新恢复训练后又再次出现疼痛和伤病。

很多训练者都没能意识到：受伤是一个结果，而不是原因。疼痛和损伤就好像是家中的火警报警器，不合理的训练安排是导致"家中起火"的原因。我们要做的，是把"火"灭了，而不是把"报警器"关了。我们要做的，是找到真正产生疼痛和损伤的原因，把训练安排得更加合理，而不仅仅是暂时缓解疼痛。在这一章中，我会分享几年来在训练和教学中总结出的实践经验，供训练者预防运动损伤之用，希望本章内容能让训练者减少受伤风险。

如已有严重运动损伤，建议线下找专业医疗机构或康复师进行处理，不建议自行解决。

一、腰椎段的运动损伤预防

如果健身者在训练中有腰椎段的疼痛问题，可以从以下四点寻找可能的原因。

1. 训练时忽视脊柱中立位的作用。
2. 训练量过大、下背部疲劳堆积过多。
3. 呼吸方式不够合理。
4. 髋关节、肩关节与胸椎灵活度不够。

忽视脊柱中立位如何导致腰部受伤？ 训练者忽视了脊柱中立位，用弯腰的姿势完成硬拉、深蹲等动作，腰椎被迫在训练中承受了不应该承受的压力，从而产生损伤。这一点在本书第一章第六节脊柱中立位的部分有详细的解释。

训练量过大、下背部累积疲劳过多导致腰部受伤？ 在力量举训练中，由于下背部的恢复速度远慢于腿部肌肉，因此当训练者过量地练习深蹲、硬拉、杠铃俯身划船等动作时，下背部会大量堆积疲劳。当训练者恢复不足时，就容易产生下背部的伤病。在训练的初期，我不建议初学者练习超过每组6次的硬拉训练，也不建议初学者一周内进多次硬拉训练。

下背部是人体最脆弱的地方，也是最容易堆积疲劳的地方。在整个躯干段，颈椎的负重受压较小，胸椎有胸廓协助稳定，唯独下背部只有腰椎来支撑身体。站姿俯身杠铃划船是一个训练价值很高的动作，但也很容易堆积下背部疲劳。假如平时一直有安排大量的深蹲、卧推、硬拉的训练，下背部一直处于等长收缩的紧张状态，这时候再进行自由重量的杠铃划船，会影响到下背部的肌肉恢复，进而影响到之后的训练。因此我常常用自重反身划船和器械划船两个动作替代站姿杠铃俯身划船。

呼吸方式不合理如何导致腰部受伤？ 下背部伤病的出现往往还与不合适的呼吸方式有关系。比如在大重量的训练中不懂得采用瓦式呼吸，比如在呼吸时频繁屈伸脊柱等等。

以大重量下的深蹲和硬拉为例，训练者如果在大重量硬拉前未能调整好呼吸，也不懂得如何采用瓦式呼吸，仅仅是随意地吸一口气，就容易在深蹲和硬拉时由于腹内压不够而弯曲脊柱。如果能够调整好呼吸，出现此种情况的概率就会有所下降。一些训练者能硬拉200公斤，深蹲150公斤，但是在动作过程中的呼吸却同样糟糕。如果能够优化呼吸方式，这些训练者的成绩就能够有所进步。

日常生活中，许多现代人会采用胸式呼吸的方式进行呼吸。胸式呼吸并非是不正确的呼吸，但问题在于：许多人在进行胸式呼吸的时候，往往会伴随着胸腔的剧烈起伏和脊柱的屈伸。在吸气时,他们往往倾向于伸展脊柱,在呼气时,他们倾向于屈曲脊柱。人的一天要呼吸接近两万次,这样的呼吸模式重复两万次,使得下背部的肌群疲于奔命,没有休息的可能性。

某些训练者或许会有意识使用腹式呼吸,但却习惯性地在呼吸时让脊柱进行了屈伸。这会让下背部在极限重量试举或者极限次数训练时承受过大的压力。以深蹲为例,训练者如果不采用完全的腹式呼吸模式,将在吸气的时候挺胸(伸展脊柱),呼气的时候弯曲脊柱,此时本该负责维持稳定的脊柱却参与了活动,脊柱的稳定性变差,增加了腰椎受伤的风险。

本书中的第一章第四节,讲解了如何进行腹式呼吸和呼吸中的圆柱体策略。采用正确的呼吸方式能够极大程度地避免下背部伤病的出现。

髋关节、肩关节与胸椎灵活度不够如何导致腰部受伤? 胸椎、肩关节和髋关节的灵活度不足,也会提高腰椎段的受伤风险。可能有的训练者无法理解胸椎、肩关节和髋关节的灵活度不足为什么会增加腰部受伤的风险。

我们不妨来看这一个案例:

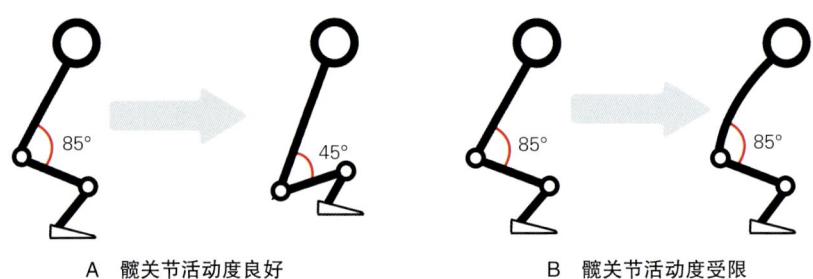

A 髋关节活动度良好　　　　　　B 髋关节活动度受限

一名髋关节活动度良好的训练者(如图 A)想要下蹲得更深,他不需要弯腰,只要继续屈髋,减小髋角即能完成标准的深蹲动作。而髋关节活动度受限定训练者(如图 B),想要下蹲得更深,只能够通过弯腰来解决下蹲幅度问题。因此训练者 A 能够保持脊柱中立位完成深蹲,而训练者 B 却无法保持脊柱中立位下蹲。

胸椎和肩关节活动度受限也是如此。在杠铃深蹲动作(特别是低杠位深蹲)中,训练者需要有足够的肩关节活动度来完成持杠动作,如果肩关节活动能力受限,训练者最常见的替代方式就是弯曲胸椎来握杠训练。在一些大重量的训练中,一些训练者为了缓解手腕和肩受到的压力,也会屈胸椎来代偿。此时弯曲的胸椎往往就会影响到腰椎段的稳定,从而增加受伤风险。

通过以上两个案例,不难看出,伤痛的部位往往只是受伤结果,而不是受伤的原因。人的身体是一个彼此关联的整体,不同的肌肉之间会相互影响,不同的关节之间也会相互影响。功能性训练大师鲍依尔(Michael Boyle)和物理治疗师库克(Gray Cook)创造性地提出了一个假说,该假说解释了关节与关节之间的关系。这个假说叫作关节相邻假说(Joint-by-Joint Approach)。这个假说将身体从下往上看作是一个稳定—灵活—稳定—灵活的链条。每个关节的灵活性和稳定性也会影响相邻关节的灵活性和稳定性。在每一个动作中,身体都需要灵活性,也需要稳定性。

灵活性指的是什么呢? 灵活性是指关节在最大活动幅度内自由活动的能力及关节活动度不受限,无论是肌肉失衡、肌肉损伤后的粘连、还是外部施加的压力,都会影响到灵活性。

稳定性指的是什么呢? 稳定性指的是关节对抗趋势、活动的能力。也就是关节不会受到外界影响、不随意运动的能力。

在我们进行诸如引体向上、俯卧撑、深蹲这样的动作时,身体需要提供稳定性,保证我们在进行动作的时候不会左摇右晃;同时,身体也需要足够的灵活性保证我们能够顺利完成这些动作。

灵活性和稳定性在身体上是如何同时存在的呢?关节相邻假说认为,人体关节对于灵活性和稳定性的需求是逐个关节交替进行的。如右图所示:

踝关节 – 更需要灵活性

膝关节 – 更需要稳定性

髋关节 – 灵活性

腰椎 – 稳定性

胸椎 – 灵活性

肩胛骨 – 稳定性

盂肱关节(即传统意义上所说的肩关节) – 灵活性

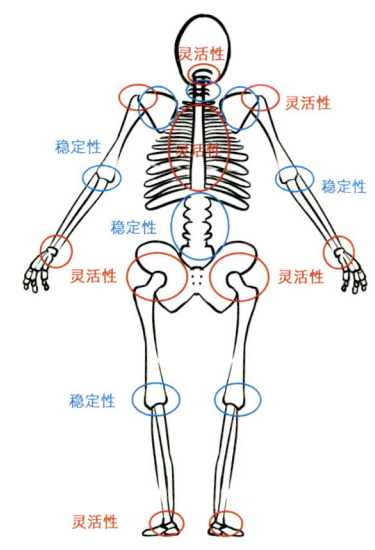

上图从下往上依次标注了在各种训练中较为重要的几个关节。我们会发现,相邻关节对于稳定性和灵活性的需求是不同的。如果一个关节需要更多的灵活性,其相邻关节就需要提供更多的稳定性,以保证动作的稳定。

一般某个身体关节的损伤，往往与其相邻关节的功能障碍有关。

腰椎段的运动损伤与胸椎灵活度和髋关节灵活度不足有一定联系。

肩关节段的运动损伤，往往是由于肩胛骨的稳定性不足，以及肩关节自身灵活性、稳定性不足所引起的。

膝关节处的疼痛往往与髋关节、踝关节的灵活度不足有关。在本书的下肢热身动作中，利用弹力带侧向行走、蛙式、屈髋跪地、"伟大拉伸"等动作就能够有效地提高髋关节的灵活性。

关节相邻假说应当被每一个有技术追求的教练所掌握，它能够被运用到许多的动作分析之中。例如：

在深蹲中，如果踝关节的灵活度不足，就会要求膝关节和髋关节有更大幅度的屈伸，因此就对髋关节的灵活度有着更高的要求。如果髋关节的灵活度不足，身体就会往上或者往下去追求灵活性，此时本该提供稳定性的膝关节、腰椎就被迫提供更多的灵活性，从而更容易导致动作中身体的不稳定和代偿。

在硬拉中，如果髋关节的灵活度不足，就会被迫让居于其上方的腰椎和胸椎提供更多的灵活度，也使得腰椎的稳定性降低，提高了受伤风险。

因此，降低腰椎的受伤风险，亦可以从提高胸椎和髋关节的灵活度去着手进行。中国的商业健身房中存在一个巨大的训练误区：过分强调了腰椎的灵活性训练，却不够重视胸椎和髋关节灵活度的练习。在健身房内，我们会看见大量的卷腹、侧向卷腹、俄罗斯转体等动作。但从身体功能的角度来看，腰椎段需要更多的是稳定支撑的功能，也应当以稳定支撑类、抗动作变形类训练为主，练习诸如平板支撑、侧平板支撑、"猫爬"等动作。从预防腰椎损伤的角度来看，应当多练习猫式、蛙式等动作来提高胸椎、髋关节活动度。

二、肩关节运动损伤预防

健身爱好者产生肩关节疼痛问题的原因主要为：

（1）呼吸方式不够合理。

（2）训练前未能进行合适的热身

（3）训练计划中安排了过量的推类动作练习，忽视推类动作的拮抗肌训练。

（4）肩关节活动度较差。

（5）斜方肌中下束、菱形肌和肩袖肌群等负责维持肩部稳定的肌群较弱。

（6）圆肩等不良的上肢体态问题。

呼吸方式不合理有什么后果？ 在卧推动作中，呼吸方式不合理产生的负面作用尤为明显。卧推中，训练者如果不采用完全的腹式呼吸，将在吸气的时候挺胸（伸展胸椎），呼气的时候胸部塌陷（弯曲胸椎），每呼吸一次，脊柱就会进行一次屈伸，此时本该负责维持稳定的脊柱却参与了活动，使得肩关节需要维持更多的稳定性，如果肩部稳定性也不够，训练者会更倾向于采用前伸肩胛骨、耸肩、肋骨外翻等形式维持身体稳定，导致肩关节更容易在动作中受伤。如果是较瘦的训练者，用这种方式进行卧推，容易出现肋骨外翻等体态问题，容易增加腰部和肩部的受伤风险。

不合适的热身有什么后果？ 热身对于训练的重要性在前文已经详细论述，此处不做过多的叙述，良好的热身能够起到激活肌肉，解决关节活动限制，降低受伤风险的作用。忽视热身、随意对待热身会提高受伤的风险。

过量的推类动作练习如何导致肩部受伤？ 杠铃卧推是健身房的训练者们最喜欢的动作之一，但是大量的卧推练习会导致训练者的胸肌过度发达，胸肌能够使肩关节内旋、内收、屈曲和水平内收，训练者相应的肩关节外旋、外展、伸展和水平外展肌群就过于紧张，导致体态问题和伤病的出现。事实上，只要进行过量的推类动作练习（不仅仅是卧推单个动作），这类的问题就必然会出现，只是杠铃卧推相比其他推类动作，更容易出现这类问题。

为了平衡体态，解决胸肌相对发达的问题，我们应当注重推拉的平衡，即按照1:1的比例分配推与拉的训练容量和强度。比如一名体重为80公斤的训练者能够完成90公斤5组5次的杠铃卧推，那么他也应该能够完成负重10公斤5组5次的触胸引体向上。假设他在制定计划时写下了80公斤，4组8次的杠铃卧推训练，那么他在这个循环内也应当进行一次4组8次的引体向上或是自重反向划船训练——这样才能够保证身体在矢状面上的平衡（肩关节屈伸的平衡）。

但仅仅注重拉类动作和背部肌群的训练还不够。在推的动作中，胸大肌作为原动肌存在；在拉类动作中，背阔肌作为原动肌存在。在矢状面上，这两块肌肉确实互相拮抗，但在另外两个解剖平面上却没有互相拮抗。胸大肌和背阔肌都具有肩旋内和肩内收功能。如果长期练习推拉而不练习肩外展、肩外旋功能的动作，就会出现圆肩、翼状肩胛等体态，并且极容易产生肩峰撞击综合征。

因此，除了肩关节屈伸的平衡之外，我们还应当注重肩关节旋外和旋内功能的平衡，外展和内收功能的平衡。一名资深的力量训练者，不仅应当把推与拉的训练容量和强度按照1:1的比例进行分配，还应当适当地进行肩旋外、肩外展、肩水平外展的功能性训练。

肩关节活动度差如何导致肩部受伤？ 这一点不难理解，我们在《量化健身：原理解析》关于身体限制如何导致训练瓶颈的部分已有详细的论述。

菱形肌和中下斜方肌较弱如何导致肩部受伤？ 以卧推动作为例，卧推动作中，肩胛骨需要维持稳定，而负责维持肩胛稳定的肌肉正好是中下斜方肌和菱形肌，一旦这两块肌群稳定能力不够，肩胛骨就容易出现前伸和上提的状态，此时训练者的上肢都处于不稳定的状态，肩关节将承受额外的训练压力，容易导致伤病。以引体向上和自重反向划船为例，中下斜方肌薄弱的训练者即使有着强壮的背阔肌，也难以完成多次数的触胸划船或是触胸引体，他们更倾向于通过驼背（屈脊柱）或是耸肩（上提肩胛骨）的方式来完成触胸的拉类动作，这种不良的动作模式一旦定型，会导致训练效率低下，受伤风险提高。

中下斜方肌和菱形肌在硬拉动作中的作用也极为重要，它们能够维持上背部的稳定，从而避免了因为胸椎的弯曲而产生腰椎弯曲的可能。

肩袖肌群较弱如何导致肩部受伤？ 肩袖肌群共有4块肌肉：冈上肌（肩关节外展）、冈下肌（肩关节旋外）、小圆肌（肩关节旋外）、肩胛下肌（肩关节旋内和内收）。这些肌群能够在推拉动作中维持肩关节的稳定，它们就像是上肢的缓冲地带，一旦肩袖肌群较弱或者未能在训练时被完全激活，训练压力就会直接作用在肩关节上，导致疼痛和伤病。

在常规的健身训练中，还有一个极为常见的肩关节疼痛和伤病原因，那就是圆肩的体态。

圆肩的体态下，我们的上臂过度地向内旋转，正常人的上臂在自然下垂状态下应当是掌心朝内，拇指向前的，但是圆肩体态下的人却是掌心朝后，拇指朝内的，看起来有点像通俗意义所说的"驼背"。圆肩体态与过于发达的胸大肌和过于紧张的胸小肌有关，与过量的推类练习有关，同时也与中下斜方肌和菱形肌的过度薄弱有关，圆肩体态还会进一步限制我们肩关节的活动度。圆肩体态不仅视觉上不美观，而且更容易在训练中遇到瓶颈和伤病。

因此预防训练时肩部疼痛和伤病的方法并不复杂：去拉伸那些过于发达的肌群（肩关节旋内，内收和水平内收的肌群），去强化那些过于薄弱的肌群（肩关节旋外，外展和水平外展的肌群，以及负责维持肩胛稳定的肌群）。

如果你想要避免肩部损伤，我希望你能够做到以下几点：

（1）训练前进行科学的热身。

（2）训练后进行肩关节内收旋内和水平内收肌群的拉伸和自我按摩。

正常人　　　　　　　　　　　圆肩体态者

（3）注重强化肩关节外展、旋外和水平外展肌群。
（4）注重强化维持肩胛稳定的肌群。
（5）掌握良好的呼吸方式。

三、膝关节损伤预防

健身爱好者产生的膝关节疼痛问题主要的原因会有以下几点：

（1）训练前未能进行科学的热身。
（2）臀中肌等负责维持稳定的肌群未能在训练时被激活。
（3）下肢肌力不平衡，某些肌肉无力、紧张，某些肌群过强、过度活跃。
（4）髋关节与踝关节活动能力受限。

不合适的热身有什么后果？ 慢跑5分钟或许是某些健身者全部的热身了，但这么做无法激活臀中肌，也无法松解紧张的下肢肌群，更无法提高下肢关节的活动度。试想一下，一位办公室白领在久坐了8小时之后，带着紧张的髂腰肌、无力的臀中肌和受限的髋关节到健身馆内进行大量的下蹲和跳跃，本该维持稳定的臀中肌无法维持下肢的稳定，本该提供活动度的髋关节无法提供活动度，此时膝关节被迫承受过多的压力。

随意对待热身只能让你的膝关节越来越脆弱。合适的热身、自我按摩能够解决普通健身者遇到的大部分膝关节疼痛问题。

臀中肌未能被激活有什么后果？ 臀中肌未能被激活常常导致膝盖外侧疼痛、下蹲时膝盖内扣、下肢不稳定等情况出现。为了帮助大家理解这一原因，我们需要先了解一下大腿的结构。

人的大腿可以简单分为四个部分：大腿的前侧、大腿的后侧、大腿的内侧、大腿的外侧。

大腿的前侧是股四头肌（肌肉）。

大腿的后侧是腘绳肌（肌肉）。

大腿的内侧是内收肌群（肌肉）。

大腿的外侧是股四头肌外侧头（少量的肌肉）和髂胫束（筋膜）。

在我们大腿的四个方向，内侧、前侧和后侧都是有肌肉包裹着我们的大腿，而唯独外侧只有少量肌肉，主要由筋膜支撑着我们的大腿外侧。

这条筋膜就是髂胫束，英文名为 IT Band。

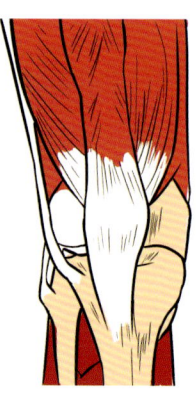

世界上大部分田径运动员都因为训练量大的原因不同程度上受到过髂胫束综合征的困扰。因为我们膝关节在屈曲 15 度到 30 度的范围内，髂胫束和大腿的股骨外侧踝最容易产生摩擦，摩擦也最剧烈。如果髂胫束紧张或是摩擦剧烈，都会不同程度地引起膝盖外侧疼痛。这被称之为"髂胫束综合征"。"髂胫束综合征"常常发生在长跑者和未充分激活臀中肌的健身者身上。本质上臀中肌和髂胫束都是维持髋关节和膝关节稳定的身体组成部分。如果臀中肌薄弱，训练中髂胫束就会出来帮助臀中肌维持稳定，导致髂胫束紧张，从而产生膝盖不适的问题。

臀中肌是臀部外侧的肌肉。臀中肌可以让髋关节稳定，并且实现除了髋内收以外的所有功能。臀中肌可以协助身体做侧向移动，可以协助髋关节屈伸和实现内旋外旋功能。臀中肌上固定完全收缩时的功能就是髋外展，在日常生活中的表现就是侧向的移动。但是这种左右（冠状面）的位移却恰恰是我们练得最少的，在日常生活和训练中，大部分的运动都是在前后平面（矢状面）上的，行走是向前的矢状面活动，推拉也是矢状面的活动，深蹲、硬拉、剪蹲也是矢状面的活动。因此在训练中很容易出现臀中肌无力导致髂胫束紧张、膝盖外侧疼痛、膝盖不稳定的情况出现。所以，在下肢热身时，一定要充分激活臀中肌。

 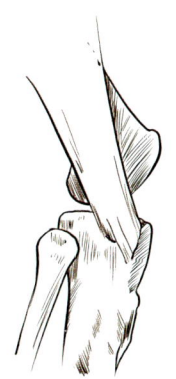 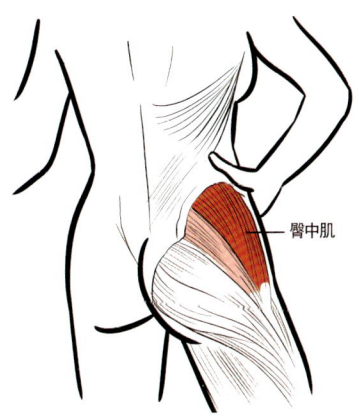

下肢肌力不平衡和关节活动受限有什么后果？ 下肢肌力不平衡与关节活动受限往往伴随出现，一体两面。

在上文中我们提到大腿可以被简化为前、后、内、外四个部分。如果大腿的四个部分都非常强壮和平衡，训练者自然能够稳定又轻松地完成训练。但假如某一侧无力呢？我们的身体会发生什么样的变化？以现代都市人最为常见的下肢肌力问题为例——前侧股四头肌过强，后侧腘绳肌薄弱，髂腰肌无力且紧张，此时容易出现骨盆前倾和膝超伸的体态，仅仅是伸直膝盖站立，膝关节都会承受比正常体态更大的压力。如果训练计划中加入了大量大腿前侧肌群的训练，而忽视了髂腰肌的拉伸、腘绳肌的强化，体态问题和膝盖不适问题将越来越严重。

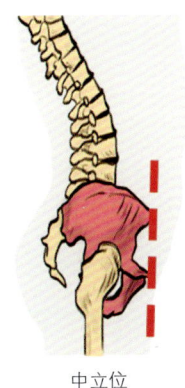 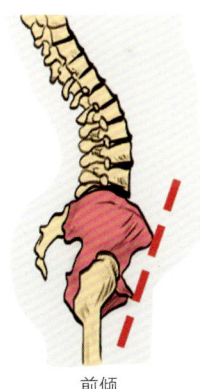

中立位　　　　前倾

盆骨前倾

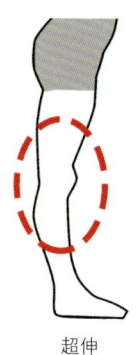  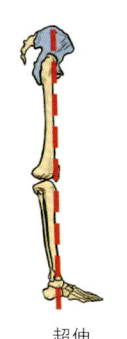 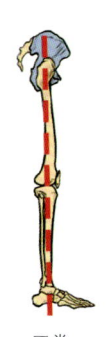

超伸　　　　正常　　　　超伸　　　　正常

膝盖超伸

如果是大腿的前后能够维持平衡，但是大腿内侧的内收肌薄弱，臀部侧面的臀中肌无力，进行运动也容易下肢不稳定，从而产生伤病。常见的就是深蹲时膝盖内扣。还有一个有趣的测试可以检查你的臀中肌是否薄弱。如果你是一个已经达到深蹲1.5倍体重的健身爱好者，可以尝试进行1~2次的单腿深蹲，如果能够轻松完成，说明你的臀中肌的功能非常好；但如果你无法完成，说明你的臀中肌太薄弱了。

髋关节与踝关节活动能力受限有什么后果？ 我们的身体是一个整体，每个关节既需要有一定的灵活性，也需要有一定的稳定性，如果膝关节周围的关节灵活度和稳定性都不够，势必要由膝关节提供更多的活动度和稳定性，此时膝关节周围的肌群也将承担更多的功能和压力。如果能够提高膝关节相邻关节的活动能力和稳定能力，此时膝关节在动作中将有更高的稳定能力，受伤风险也会更低。

如果你想要避免膝关节的损伤，你应该要做到以下几点：

（1）训练前进行科学的热身。

（2）训练后进行拉伸和自我按摩。

（3）提高髋关节的活动度。

（4）注重臀中肌的训练和激活。

（5）保证下肢肌肉力量的平衡。

健身爱好者常见的膝关节疼痛的原因往往非常类似，许多人在进行适当的热身和拉伸以及自我按摩松解后，疼痛就立马消失了。如果能够做到训练前热身，平常注重改善关节活动度，训练后注意拉伸和放松，在训练中遇到膝关节疼痛的风险将会大大降低。除此之外，在训练中加入以下动作的练习，也能有效降低膝关节疼痛和损伤的风险。

1. 强化臀中肌的训练：蚌式。
2. 改善屈髋能力：建议寻找物理治疗师寻找帮助。
3. 改善髋关节活动度：蚌式。
4. 拉伸紧张的下肢肌群：
   a. 髂腰肌拉伸。
   b. 绳肌拉伸。
   c. 内侧肌群拉伸。
   d. 股四头肌拉伸。
5. 用泡沫轴松解紧张的下肢肌群：
   a. 股四头肌。
   b. 内收肌群。
   c. 髂胫束的适当放松。

人体是一台极为精密的仪器，腰椎、膝关节、肩关节的疼痛，往往不是由于该部位自身的原因，而应当追根溯源到与其相邻的部分，甚至看起来毫无关联的部位。运动中出现损伤往往也不一定是由于某个动作或者计划的某个部分出现了问题，很可能是训练的流程、计划的整体安排都存在着许多不合理的成分。

TIPS

在本章中，我简要讲解了关节出现疼痛的原因和易损关节的损伤预防方法。

力量训练者若出现运动疼痛问题，往往可以从以下6点寻找原因：
（1）相邻关节活动度差。
（2）训练前不做热身。
（3）肌肉和体态不平衡。
（4）呼吸模式不对。
（5）忽视脊柱中立位。
（6）训练量或者训练强度过大。

健身者想要尽可能避免损伤，建议做好以下功课：
（1）训练前做好充分的热身，激活负责维持稳定的肌肉群，充分改善关节的活动能力。
（2）训练后做好拉伸和自我按摩。
（3）训练计划的安排上要注意肌力的平衡，注重原动肌和拮抗肌的平衡。
（4）在日常生活和训练中，都尽量保持良好的呼吸方式和体态。

希望各位读者阅读后能够心中有数，举一反三。

最后的话

如你所见，这是一本动作教学书。

我期望这本书仅通过文字和图片就能达到线下面对面亲自教学的效果，也期望这本书与市面上的其他健身动作教学书有所不同。

由于面对的读者是大众人群，我不希望这本书过于学术化和理论化，但也不希望它太粗浅——这其中的平衡非常难以把握。

为了读者能够更好地理解，我经常会在一个章节中事无巨细地罗列出所有的可能性和细节。

为了读者有更好的阅读体验，我又会把之前写出的很多内容删除，改成更加简洁的语言，显得不那么啰嗦。

我在写作的时候经常要切换成"小白视角"，去想象：一个"小白"在阅读此处的时候，会是什么样的体验？这个地方能不能修改得更容易理解一些？那个地方能不能写得更简洁一些？还有进一步优化的空间吗？

为了让本书的每幅图片、每段文字更清晰、明了，我和编辑、插画师发送过上百个视频来和对方沟通。

所以这本书的写作是颇有挑战性的。

在过去五年里，中国的健身行业发生了巨大的变化，无论是教学内容还是训练技术都在不断地发展和改变。几乎每一年我会都优化自己的某些动作技术和观点。几乎每一年我都会承认前一年我犯下了不少错误。

比如2017年的时候我曾经认为卧推时应当绷紧臀部，而2018年的时候我发现绷紧股四头肌比绷紧臀部效果更好，卧推时臀部可以是放松状态的。原因在于绷紧股四头肌有助于腿部驱动的技术，而绷紧臀大肌容易让臀部离开卧推凳。

书籍是很好的教学承载物，但是需要耗费很长的时间撰写和很长的时间出版。在这个不断变化的领域，这个时间有点太长了。

曾经有读者在我的公众号下留言"一两年或更久之后，你会自我否定之前自己科普的内容吗？"

我的回答是："会的，人总是会犯错的，人也总是会进步的，得承认自己的错误，然后才能够进步。"

本书中的动作教学细节内容，我尽量选择争议较少、局限性较少的方法进行科普。如果几年后，本书内的部分内容被更优化的技术所取代，你并不需要惊讶。

我认为这是一件很好的事情。

事实上，我会经常性地在我的公众号更新技术性的文章和行业分析。

希望这本书能够让你看到更多的可能性，而没有让你陷入某个训练流派的局限之中。

如果你对于本书的内容有任何建设性的意见，可以关注微信公众号"陈柏龄的酱油台"，并在后台留言，或者发送邮件至 chenbailing127@foxmail.com。

参考文献

[1] STILLMAN B C. Making sense of proprioception:The meaning of proprioception, kinaesthesia and related terms[J].Physiotherapy，2002，88（11）:667-676.

[2] 黎涌明，于洪军，资薇，等 . 论核心力量及其在竞技体育中的训练——起源·问题·发展 [J]. 体育科学，2008，28（4）：22-29.